W0309375

Knaur.

Weitere Bücher von Manfred Dimde
im Knaur Taschenbuch Verlag:
PSI-Akteure
Nostradamus 2005

Über die Autoren:
Manfred Dimde gilt als einer der führenden deutschen Nostradamus-Forscher und ist einer breiten Öffentlichkeit durch seine zahlreichen Bücher, außerdem durch viele Auftritte in Radio und Fernsehen bekannt.
Horst Bergmann, ehemaliger Mönch, zählt zu den Altmeistern der deutschen Astrologen. Gemeinsam mit Manfred Dimde hat er die astronomisch-astrologische Vorgehensweise von Nostradamus rekonstruiert.

Manfred Dimde
Horst Bergmann

Der Astro-Code des Nostradamus

Das geheime astrologische Wissen des Sehers
Die Bedeutung der Weltachsen
Nostradamus und die kommenden Schicksalsjahre

Knaur Taschenbuch Verlag

www.nostradamus-dimde.de

Besuchen Sie uns im Internet:
www.knaur.de

Originalausgabe Dezember 2004
Copyright © 2004 by Knaur Taschenbuch.
Ein Unternehmen der Droemerschen Verlagsanstalt
Th. Knaur Nachf. GmbH & Co.KG, München
Alle Rechte vorbehalten. Das Werk darf – auch teilweise –
nur mit Genehmigung des Verlags wiedergegeben werden.
Bearbeitung: Julika Jänicke
Redaktion: Jens Brandt
Abbildungen im Text: aus dem Archiv von Manfred Dimde
Grafiken im Text: von Manfred Dimde und Horst Bergmann
Umschlaggestaltung: ZERO Werbeagentur, München
Umschlagabbildung: Fine Pic, München (Nostradamus Abb.) / Kreis: Zodiak-Abb.
vom Tempel von Dendera, Ägypten
Satz: Setzerei Vornehm GmbH, München
Druck und Bindung: Clausen & Bosse, Leck
Printed in Germany
ISBN 3-426-77729-0

2 4 5 3 1

Inhalt

Vorwort

Liebe Leserinnen und Leser,
Sie halten mit diesem Buch das letzte Teilstück meiner Arbeit in den Händen. Mir ist es lange Jahre so gegangen wie einem Menschen, der ein Puzzle fast beendet hat. Nur eine Ecke wird und wird nicht fertig, weil man ein unauffälliges Teilchen übersehen oder nicht beachtet hat. Nach zwanzig Jahren Recherche und Forschung in Sachen Michel de Notredame hatte ich immer noch einige Teile nicht in das Gesamtbild einordnen können, das ich seit 1983 Stück für Stück zusammengefügt hatte. So beschloss ich, dass es an der Zeit war, den Abschnitt Nostradamus zu beenden.

In dieser Situation traf ich 1996 auf einen alten Großmeister der deutschen Astrologie, Horst Bergmann, der mir sein Wissen und seinen Rat in allen Angelegenheiten der Astrologie zur Verfügung stellte. Er half mir dabei, die astrologischen Themen für die Jahrbücher des Nostradamus zu erarbeiten. Hierbei griffen wir auf ein Wissen zurück, das der Öffentlichkeit wenig bekannt ist, im arabischen Raum hingegen von kundigen Vätern an den jeweils ältesten Sohn weitergegeben wurde. Und wir fanden das fehlende Puzzleteil.

Horst Bergmann hat für dieses Buch rund 2700 Seiten Horoskope samt Deutungen nach dem System der alten Ägypter berechnet und ausgewertet. Meine Aufgabe war es nun, aus dem Datenmaterial den praktischen Deutungsteil für die 36 Dekaden des Tierkreises zu erarbeiten. Sie finden das Ergebnis im zweiten Teil dieses Buchs. Anders als die erste Hälfte, in der Leben und Werk des Nostradamus beschrieben werden, handelt es sich bei der zweiten jedoch nicht um ein Lesebuch, sondern um einen Ratgeber. Bitte suchen Sie im Inhaltsverzeichnis die Dekade, in die Ihr Geburtstag fällt.

Dann können Sie sich auf den entsprechenden Seiten darüber informieren, wie sich Ihr Verhältnis zur Obrigkeit entwickeln wird, ob Sie Gutes oder Schlechtes vom Staat und dessen Institutionen zu erwarten haben. Hierzu gehört auch der Aspekt Ihres Verhältnisses zu Ihren Vorgesetzten. Auch dazu finden Sie einige Deutungshinweise.

Jeder, der die Legenden um Nostradamus, den Alten von Salon kennt, weiß, dass dieser keineswegs nur Ereignisse prophezeit hat, die das Schicksal der gesamten Menschheit betreffen, sondern seinen Ruf und auch sein Vermögen vielmehr seinen sehr präzisen Voraussagen für einen bestimmten Menschen oder für eine bestimmte Familie verdankte. Wie aus seinem schriftlichen Nachlass bekannt ist, hat er die Arbeitsweise der »herkömmlichen« Astrologen seiner Zeit als »profan« und deren Wissen als das von »Tölpeln« bezeichnet.

Im vorliegenden Buch haben Horst Bergmann und ich versucht, das Wissen des Nostradamus um die Astrologie zu rekonstruieren, und ich glaube, dass uns dies gelungen ist. Es ist ein erster Schritt, um diese Erkenntnisse in den kommenden Jahrhunderten mehr und mehr zu begreifen und zu vertiefen.

Manfred Dimde
im Juni 2004

Bannspruch gegen die Kritiker

Der Meister der Seherkunst, Michel de Notredame, genannt Nostradamus, hinterließ eine Warnung an seine Kritiker.*

Legis cantio contrà ineptos criticos.

Qui legent hosce versus, mature censunto
Profanum vulgus et inscium ne attrectato:
Omnesque Astrologie Blenni, Barbari procul sunto
Qui aliter facit, is rite sacer esto.

Die allgemein übliche Übersetzung lautet:**

Bannspruch gegen unfähige Kritiker

Wer diese Verse liest, der prüfe sie aufmerksam.
Gottlose und Unwissende sollen sich nicht damit befassen.
Alle Astrologen, Toren und Ungebildeten sollen sich ihnen fernhalten.
Wer dem zuwiderhandelt, der sei nach heiligem Ritus verflucht.

---

* Abweichend von dem Prinzip, dass er jeweils vier »Ruderbänke«, wie er eine Zeile seiner in französischer Sprache abgefassten Spruchtexte nannte, zu einem Paket verband, fügte er am Ende der 6. Centurie einen fünfzeiligen Text in lateinischer Sprache ein.

** Siehe Kurt Allgeier, *Die Prophezeiungen des Nostradamus*, München 1988, Seite 341, und Carlo Patrian, *Nostradamus, die Prophezeiungen*, Freiburg 1978/1982, Seite 319.

MICHAEL NOSTRADAMVS

Kennt man die Geheimnisse des Nostradamus*, gelangt man nach den Zerlegungsregeln der Buchstabenketten jedoch zu einer anderen Übersetzung (die wesentlichen Abweichungen sind unterstrichen):

Bannspruch des Gesetzes gegen meine harten Kritiker

Die diese Verse schnell lesen, meinen, dass sie
reif dafür seien.
Einfaches Volk und Unwissende ** **befassen sich damit**
von hinten.
Alle Astrologen, Tölpel, Ungebildeten zertreten
die eine Tafel.***
Wer auf andere Weise handelt, wird mit den Regeln
fruchtbar sein.

* Siehe auch Manfred Dimde, *Nostradamus entschlüsselt*, Bergen a. d. Dumme 1986.

** Christen, die nicht des Hebräischen mächtig sind, denn Christen lesen von links nach rechts, also von hinten.

*** Die fünf Bücher Mose (Thora) sind auf Papyrusrollen niedergeschrieben, die zu einer Tafel aufgerollt werden.

Teil I

Nostradamus und die Astrologie

Aus dem Leben des großen Sehers

Die ersten Jahre des Michel de Notredame

Die Sonne stand hoch am Himmel über Saint Rémy, der Residenz des Titularkönigs von Jerusalem. Die Glocken der ehemaligen Templerkirche Sankt Martin läuteten zum Mittagsgebet, als dem jungen Ehepaar de Notredame ein Knabe geboren wurde. Man taufte ihn auf den Namen Michel. Nach dem julianischen Kalender schrieb man den 3. Dezember des Jahres 1503 (im gregorianischen Kalender der 14. Dezember). Von den Vornamen der Eltern kennt man lediglich die Initialen: R und J. Michel war der Erstgeborene, und seine Familie war sowohl mütterlicherseits als auch väterlicherseits sehr wohlhabend. Ansehen und Geld hatten sich in dem jungen Paar verbunden, und mit dem männlichen Erstgeborenen war der Fortbestand des Clans gesichert. Heute weiß man, dass Michels Eltern insgesamt siebzehn Kinder gehabt haben. Der Stammhalter hatte natürlich einen besonderen Stellenwert.

Michel wuchs von Anfang an mit allen Privilegien des Erstgeborenen auf, das heißt er wurde auf seine Aufgabe als künftiger Clanchef vorbereitet. Wie jedoch seine ersten fünfzehn Lebensjahre im Einzelnen verlaufen sind, was er erlebt und was ihn geprägt hat, das blieb im Dunkeln. Dafür gibt es vermutlich einen triftigen Grund: Die Familie Notredame war vor einiger Zeit vom Judentum zum Christentum konvertiert, und Michel wurde nach dem orthodoxen jüdischen Ritus erzogen. Der Familienname deutet darauf hin, dass die Vorfahren einst in einer Kirche mit dem Beinamen »de Notredame« zum Christentum konvertierten und getauft wurden. So wählten die meisten zum christlichen Ritus übergetretenen Juden den Namen der Kirche, in der die Taufe vollzogen wurde und man die entsprechenden Eintragungen ins Kirchenbuch vornahm. Gab es irgendwann einmal Schwierigkeiten, dann war es für die Nachkommen leicht, die erforderlichen Papiere zu besorgen.

Im 16. Jahrhundert gab es noch keine öffentlichen Schulen, sondern nur Privatunterricht. Ausschließlich die Söhne der Reichen und Privilegierten konnten daher lesen, schreiben und rechnen lernen. Entweder stellte man einen Privatlehrer ein (das wurde später zur Domäne der Jesuiten), oder man schickte den Sohn direkt in ein Kloster.

Von Michel ist überliefert, dass sein Großvater mütterlicherseits seine Erziehung und Ausbildung übernahm. Erst nach dessen Tod im Jahre 1518 wird Michel auf eine öffentliche Schule in Avignon geschickt.

Um diesen Großvater namens Jean ranken sich einige Legenden. So soll es von ihm eine Reihe von Versen mit Prophezeiungen geben, die sehr an die des späteren Nostradamus erinnern. Hier ein beeindruckendes Beispiel von Jeans Prophetie:

»Wenn das Jahrtausend anfängt, das nach dem Jahrtausend kommt,
Wird der, welcher von Eid und Recht spricht, nicht mehr gehört werden.
Die Stimme dessen, der den Glauben an Christus predigt, wird in der Wüste verhallen.
Doch überall werden sich mächtige Strömungen der abtrünnigen Religionen verbreiten.
Falsche, den Weg Weisende werden die blinden Menschen um sich versammeln,

Und der Ungläubige wird Waffen tragen wie nie zuvor.
Dann wird er von Gerechtigkeit und Recht sprechen, und sein Credo wird glühend und ätzend sein.
Er wird sich für den Kreuzzug rächen.«

Hat Michels Großvater diese Verse selbst verfasst, oder hat er sie nur verwaltet? Wir wissen es nicht. Einige Autoren meinen sogar, dass Michel von ihm abgeschrieben habe.

Michel war vermutlich von Kind auf mit der Kunst der Prophezeiung vertraut. Auch sein Interesse für die Medizin hatte er offenbar vom Großvater Jean geerbt, der Leibarzt des Titularkönigs von Jerusalem war. Vermutlich deshalb wird der Großvater in manchen Schriften auch »Johannes von Jerusalem« genannt. Wissenswert ist, dass die einzige Aufgabe des Titularkönigs Anfang des 16. Jahrhunderts darin bestand, den Originaltext der Johannes-Apokalypse aufzubewahren und zu erhalten.

Hatte sein Leibarzt Zugang zu diesem prophetischen Text? Falls ja, dann dürfen wir sicher sein, dass der kleine Michel von seinem Großvater auch in diese Geheimnisse eingeführt wurde. Vermutlich verfügte schon der junge Nostradamus über Kenntnisse, die sogar den Sprösslingen des französischen Königs nicht zugänglich waren. Grund genug für die Familie de Notredame, ihr tradiertes Geheimwissen für sich zu behalten.

Was die Wiederentdeckung des Astro-Codes von Nostradamus angeht, so ist es wichtig zu wissen, dass sein Großvater sich in jüdisch-arabischer Astronomie und Astrologie bestens auskannte. Diese Kenntnisse dürfte er an seinen Enkel weitergegeben haben. Man weiß aus Überlieferungen, dass der junge Michel de Notredame sich schon sehr früh für Sonnen-

und Mondfinsternisse, Fixsterne, Kometen und deren Deutung interessiert hat, und so erhielt der junge Mann aus gutem Hause schon früh den Beinamen »der junge Astrologe«.

Doch warum wurde Michel von seinem Großvater unterrichtet? Geld war in der Familie mehr als genug da. Warum also vermittelte kein Kaplan oder Mönch als Hauslehrer dem Erstgeborenen das Wissen der Renaissance, sondern der Großvater? Diese Frage wird in den meisten Nostradamus-Biographien nicht gestellt.

Es gibt auf sie nur eine mögliche Antwort: Weil das Wissen der Vorväter dieser Familie nicht an öffentlichen Schulen gelehrt wurde bzw. Privatlehrer für diese Ausbildung einfach nicht zur Verfügung standen. Hinzu kam, dass Michel als Erstgeborener die hebräische Sprache erlernen sollte und in die Geheimnisse der Thora eingeführt werden musste. Wären nun Späher im Hause der de Notredame Zeuge nichtchristlicher Gebräuche geworden, wäre das lebensgefährlich für die ganze Familie gewesen. Nur in der strengen Abgeschlossenheit einer Großfamilie konnten die alten jüdischen Traditionen einer zum Christentum übergetretenen Familie gepflegt und an die Nachkommen weitergegeben werden. Ein externer Lehrer hätte spätestens unter der hochnotpeinlichen Befragung der Inquisitoren alles verraten.

Der Tod des Großvaters

Mit dem Tod des Großvaters wird die Vita des späteren Sehers etwas detaillierter. So wird berichtet, dass der sechzehnjährige Michel im Jahre 1519 in das 27 Kilometer entfernte Avignon geschickt wurde. Dort wohnte seine Tante, die mit einem wohlhabenden Kunstmaler verheiratet war.

Michel war mit dreizehn Jahren nach jüdischer Tradition mündig und somit ganz für sich verantwortlich geworden. Die Eltern hatten ihre Pflichten erfüllt und konnten ihn in die Welt schicken. Damit ließen sie sich jedoch noch drei Jahre Zeit. Es war nahe liegend, dass sich der wohl behütet aufgewachsene Michel in Avignon allmählich auf das Leben in einer von Christen geprägten Umwelt vorbereitete. Er benötigte dafür zuerst einmal die Berechtigung zum Studium an einer Universität, die nur an einer öffentlichen Schule erworben werden konnte. Man nannte diesen Abschluss »Trivium«, weil er die drei Disziplinen Grammatik, Rhetorik und Logik umfasste.

Mit dem Trivium in der Tasche studierte Michel an der Universität von Avignon weiter. Den Gepflogenheiten seiner Zeit gemäß musste er nun Arithmetik, Geometrie, Musik und Astronomie, also die klassischen Fächer der Antike belegen, um später ein Medizinstudium aufnehmen zu können. 1529 verließ er Avignon, das 1524 von einer schweren Pestepidemie heimgesucht wurde, um in Montpellier Medizin zu studieren.

Die Talente des jungen Nostradamus

Aus den spärlichen Quellen erfährt man, dass Michel de Notredame mühelos Fremdsprachen erlernt haben soll. So sprach er neben Latein angeblich auch Griechisch und Spanisch. Hebräisch wird aus den bereits erwähnten Gründen nicht genannt. Vermutlich lernte er später auch Arabisch. Zu seinen auffälligsten Talenten zählte jedoch, dass er mühelos auch die kompliziertesten mathematischen Rechenoperationen ausführte.

Diese besondere Fähigkeit hat unter Medizinern die Vermutung geweckt, dass Michel an einer leichten oder an einer besonderen Form von Autismus gelitten hat. Ein typisches Symptom dieser »Krankheit« ist eine phänomenale Merkfähigkeit. Und Nostradamus soll über ein fotografisches Gedächtnis verfügt haben. Er musste einen Text nur kurz ansehen, und schon konnte er ihn auswendig wiedergeben.

Das Studium an der Universität von Montpellier

Man kann sich heute kaum vorstellen, wie das Leben in Montpellier im Jahre 1520 aussah. Die Universität dominierte die Stadt. So gab es einen »Studentenkönig«, der mit seiner Leibwache durch die Straßen der Stadt zog. Er war von seinen Kommilitonen »gekrönt« worden. Die Macht der Studentenschaft war so groß, dass sie ihre politischen Interessen gegenüber dem Stadtrat durchsetzen konnte. Die Studenten bildeten einen »Staat im Staate«; und sie hatten innerhalb von Montpellier sogar ihre eigene Gerichtsbarkeit. Ihr Einfluss reichte weit – weiter, als vielen Bürgern lieb war.

So ist es nicht verwunderlich, dass sich Letztere, da sie sich von den Studenten entmachtet fühlten, mit der Bitte um Beistand an den König wandten. Mit Unterstützung von höchster Stelle setzte sich der Stadtrat schließlich gegen die Studenten durch, und als Nostradamus 1529 nach Montpellier kam, waren für sie die herrlichen Zeiten vorbei, und die Episode geriet bald in Vergessenheit. Man darf sich fragen, ob diese Phase das Verhalten der Studenten nicht doch dauerhaft geprägt hat. Und welche Rolle hat der junge, umfassend gebildete und privilegierte Michel de Notredame in einer ehemals von Studenten »beherrschten« Stadt gespielt?

Anfang des 16. Jahrhunderts tobte auch in Frankreich der Kampf der Freigeister gegen den Souverän, die Kirche, und ihre Inquisition. Spektakuläre Hexenprozesse fanden statt, in denen die angeklagten Frauen meist zum Tod auf dem Scheiterhaufen verurteilt wurden. Männer hingegen landeten seltener auf dessen Feuer. Sie wurden erhängt und in Einzelfällen als Ketzer lebendig eingemauert.

Montpellier galt offenbar als eine tolerante Stadt, denn in der Zeit, als Nostradamus dorthin kam, fanden sich mehr und mehr des Griechischen kundige Professoren und Studenten aus anderen Universitäten Frankreichs ein, die man von dort vertrieben hatte. Der französische Klerus befürchtete, dass durch das Studium des Neuen Testaments im altgriechischen Original manches kirchliche Dogma infrage gestellt werden könnte. Die weltlichen Herrscher dürften geargwöhnt haben, dass die politischen Ideen, Modelle und Philosophien des antiken Griechenlands rebellische Umtriebe im Königreich begünstigen würden. So musste sich auch der Franziskanermönch Rabelais in Montpellier einschreiben, weil er von der Pariser Sorbonne verwiesen worden war. Er hatte dort Griechisch gelehrt.

Was andernorts verboten war, wurde hier zumindest geduldet. Montpellier war zu dieser Zeit der Ort, an dem man wirklich Neues erfahren konnte. Die Stadt galt als Zentrum der Lehren des Orients. Das lag daran, dass die Universität von Toledo in Spanien nicht weit entfernt war. In Toledo übersetzen Gelehrte die meisten der bekannten Schriften aus dem Griechischen und dem Arabischen. Die Übersetzungen standen den Studenten zur Verfügung und wurden in der dortigen Bibliothek aufbewahrt. Es ist überliefert, dass zwischen Montpellier und Spanien eine rege Reisetätigkeit herrschte. Es heißt sogar, dass ein Spanier Rektor in Montpellier wurde.

Nostradamus widmete sich in Montpellier zuerst dem Studium der theoretischen Medizin und der Philosophie. Dem heutigen Medizinstudenten mag es merkwürdig vorkommen, dass man als Arzt über Weltbilder nachzudenken hatte, aber die Kirche erlaubte den Ärzten in jener Zeit lediglich, den menschlichen Körper unversehrt zu betrachten. Es war verboten, die inneren Vorgänge im Leib oder – falls man überhaupt davon wusste – die Funktion der Organe zu erkunden. Lediglich einmal im Jahr durften die Studenten aus Montpellier nach Aigues-Mortes, einer befestigten Hafenstadt wandern und dort im Eckturm der Stadtmauer (»Turm der Ketzer« genannt) eine in Salzlake konservierte Leiche eines getöteten Ketzers öffnen.

Und selbst das war einmalig in der medizinischen Ausbildung dieser Zeit. Ketzern stand nach dem Diktum der Kirche keine Beerdigung zu. Die ehrenwerte Philosophie besagte damals, dass dem Christenmenschen ein Körper zum Jüngsten Gericht zur Verfügung stehen muss. Ohne Körper gab es also keine Teilnahme an der Auferstehung. Die Verbrennung auf einem Scheiterhaufen wurde ja nicht deswegen praktiziert, um einen Menschen auf möglichst grausame Weise zu töten, sondern um diesem Unglücklichen seinen Körper zu nehmen. Nostradamus' späterer Freund François Rabelais war übrigens einer der ersten Ärzte, die eine Leiche sezieren durften.

Alles drehte sich in diesem Jahrhundert noch um die Theorien. Man weiß, dass sich Nostradamus in Montpellier sehr für die ins Lateinische übertragenen Schriften von Hippokrates und Galen interessiert hat. Der Medikus in den Tagen des Nostradamus war bei seiner Diagnose auf die augenscheinlichen Symptome und die Klagen des Kranken angewiesen statt sich auf eingehende Untersuchungen zu stützen.

Je mehr der Arzt des Mittelalters über botanische Kenntnisse verfügte und je besser er sich in den verschiedenen Darreichungsformen der Kräuter wie »frisch«, »getrocknet«, »in Tinktur« oder »zu Pulver verarbeitet« auskannte, desto vielfältiger waren seine Behandlungsmöglichkeiten. Das Fach Botanik und das, was man im weitesten Sinne als Pharmakologie bezeichnen könnte, standen als Grundstock des Wissens für einen guten Arzt an erster Stelle. Nostradamus hat wie viele seiner Kommilitonen an Wanderungen in den Pyrenäen teilgenommen und war wochenlang nicht in Montpellier anwesend. In erster Linie wollte er wohl die Heilpflanzen des Gebirges erkunden. Vielleicht besuchte er aber heimlich auch die spanischen Universitätsstädte. Es ist zwar nur eine Vermutung, doch ist diese nicht von der Hand zu weisen.

Natürlich gab es in jener Zeit auch Apotheker, doch ihre Ladengeschäfte sind eher mit einer heutigen Drogerie zu vergleichen als mit einer richtigen Apotheke. Es waren Kramläden, in denen sie die eigenen oder von Kräutersammlern gekauften getrockneten Pflanzen nach geheimen Rezepten verarbeiteten oder weiterverkauften. Die Grenze zwischen Medizin und Magie war hier fließend. Sie mischten die getrockneten Kräuter, Pilze und oft auch Organe von Tieren und verrieben sie zu Pulver oder bereiteten daraus Essenzen, um sie an die Kranken zu verkaufen.

Doch die Ärzte konnten oftmals nicht sicher sein, dass die Kräuter wirklich von guter Qualität waren. Die Sammler und leider auch die Apotheker waren in dieser Hinsicht nicht unbedingt zuverlässig. Nostradamus hatte deswegen später Auseinandersetzungen mit der Apothekerschaft in Marseille. Den guten Ärzten blieb im 16. Jahrhundert daher oft nichts anderes übrig als ihre Arzneien selbst zuzubereiten. Auch Paracelsus hat das übrigens so gehandhabt.

Die Herren Studenten aus Montpellier haben sich, so wird berichtet, allerdings nicht nur für die Pflanzen im Umland und in den Pyrenäen interessiert. Sie waren junge, rauflustige Gesellen, die den Degen schnell zur Hand hatten und auf Abenteuer mit den lockeren Mädchen vom Lande aus waren.

Dennoch bleibt festzuhalten, dass die Studenten an keinem anderen Ort in Frankreich so direkten Zugang zu den heilkundlichen Schriften der jüdischen und arabischen Autoren hatten wie in Montpellier. Zwar wurde diese Weitergabe von nicht-kirchenkonformem Wissen vom Klerus misstrauisch beobachtet, aber durch die geschickten Täuschungs- und Tarnmanöver der Studenten und Dozenten war es der Kirche offenbar nicht möglich, genügend Beweise zu sammeln, um Anklage erheben zu können. Was man nicht in der Universität von Montpellier lesen durfte, las man eben in Toledo, Saragossa, Sevilla und, wenn es sein musste, sogar in der Kirche, wenn man auf den Beichtvater wartete.

Trotz des hohen Wissensstandes und der relativen Aufgeklärtheit, die an der Universität von Montpellier herrschte, hatten die Medizinstudenten Angst davor, sich mit rätselhaften Krankheiten anzustecken und eines qualvollen Todes zu sterben. Diese Angst beherrschte auch die Sturm-und-Drang-Jahre des Studenten Michel de Notredame. Gegen solche Gefahren war auch ein Sohn aus reichem Hause nicht gefeit. In den Hafenstädten landeten Schiffe aus vielen Regionen der Neuen Welt. Neben exotischen Waren brachten sie vor allem Krankheitserreger mit, gegen die in der Alten Welt niemand immun war. Krankheit und Tod waren allgegenwärtig und verbreiteten Angst und Schrecken bis jenseits der Alpen.

In Wellen verbreiteten sich Infektionskrankheiten über das Land. Die einzige Möglichkeit, einer drohenden Epidemie zu entgehen, bestand in der Flucht aus den dicht besiedelten Gegenden in die Einsamkeit des Landes. Fürsten errichteten Pestburgen, in die sie sich samt Hofstaat zurückziehen konnten. Reiche Familien ließen in menschenleeren Gebieten Villen erbauen. Den meisten Studenten standen solche luxuriösen Rückzugsmöglichkeiten nicht zur Verfügung. Die wenigsten stammten aus der Universitätsstadt selbst, und nicht alle hatten reiche Verwandte in der näheren Umgebung, zu denen sie flüchten konnten. Aber auch die armen Studenten konnten aufs Land fliehen, um sich vor Ansteckung zu schützen. Zu der Zeit, als Nostradamus in Montpellier studierte, fanden in den Fakultäten teilweise keine Vorlesungen mehr statt, weil keine Hörer kamen. Ein kontinuierliches, fundiertes Medizinstudium war für Nostradamus unter diesen Bedingungen sicher nicht möglich.

Dennoch war seine Ausbildung sehr praxisnah: War in einer Stadt oder in einem Dorf eine ansteckende Krankheit ausgebrochen, dann handelte der Bürgermeister oder der Rat

Das einzige authentische Bild von Nostradamus

François Rabelais

mit einem vorbeiziehenden Medikus ein Erfolgshonorar aus. Der Medikus wurde für die Behandlung aller Einwohner pauschal bezahlt. Hierfür benötigte er Helfer, die er meist selbst mitgebrachte. Man weiß, dass Michel de Notredame zu der Zeit, als in Montpellier keine Vorlesungen stattfanden, als eine Art Heilgehilfe für Ärzte arbeitete. So konnte der junge Medizinstudent die Symptome der Krankheiten aus nächster Nähe beobachten.

Die Freundschaft mit Rabelais

Irgendwann nach 1530 konnte Michel de Notredame wieder nach Montpellier zurückkehren, um sein Medizinstudium fortzusetzen. Etwa zu dieser Zeit schrieb sich dort auch François Rabelais als Medizinstudent ein. Frater Rabelais, ein hoch begabter Franziskanermönch, ging in die Weltliteratur durch seine von unbändiger Fabulierkunst und Fantasie sprühenden Romane über Gargantua und Pantagruel ein, in denen sich humanistisches Gedankengut, Satire und Zeitkritik verbinden. Wer gern gut isst und trinkt, sollte sie unbedingt lesen!

Rabelais und Nostradamus lernten sich kennen und unternahmen fortan alles gemeinsam. Sie beendeten beide ihr Studium mit dem Doktorgrad, d. h. mit dem »maître«. Das »M.« Nostradamus, manchmal auch »M. M.« Nostradamus, das auf seinen Büchern steht, bedeutet also nicht etwa »Michel«, sondern »Doktor« bzw. »Doktor Michel«. In der Schablone des »strahlenden Bechers« (zwei Dreiecke, die an den Spitzen aufeinander gestellt sind) verarbeitet er seinen Autorennamen »DR NOSTRADAMUS«.

```
D R N
 S O        → ROS          ORSTR A
  T    U S
 A R        → ART          ARTOS A
D A M   1     2               3
```

(1) Gebrauche die (2) Kunst der Rose (3) des Ersten Artus Orstra

Der Name Dr Nostradamus, aus der Schablone des strahlenden Bechers gelesen

Dies kann übrigens als Beweis dafür gelesen werden, dass der Meister aus Salon-de-Provence ein Ur-Rosenkreuzer war.

Ob es an der Freundschaft zum Franziskanermönch Rabelais lag oder ob es noch andere Gründe dafür gegeben hat – Nostradamus war seit seiner Zeit in Montpellier immer eng mit den Franziskanern verbunden. In den letzten Jahren seines Lebens war er mit dem Prior des Franziskanerklosters von Salon-de-Provence eng befreundet. Dieser assistierte Nostradamus bei seinen Sitzungen, in denen er Zeitreisen in die Zukunft unternahm. Auffällig ist auch, dass Nostradamus nach seinem Tod ein Ehrengrab im Franziskanerkloster von Salon bekam, wo man ihn wie einen Fürst, nämlich stehend beerdigte. Ebenfalls bemerkenswert ist, dass das Franziskanerkloster in Salon im Jahr 1566, also in seinem Todesjahr, die *Prophéties* noch vor der offiziellen Lyoner Gesamtausgabe (1568) drucken ließ.

Könnte es sein, dass Nostradamus tatsächlich ein Franziskaner, d. h. ein Laienbruder des Dritten Ordens dieser Gemeinschaft gewesen ist? Hätten die Mönche allerdings einen einfachen Laienbruder wie einen Fürsten bestattet? Diese Frage ist bis heute unbeantwortet.

François Rabelais und Nostradamus gingen um 1536 gemeinsam von Montpellier nach Agen, einer kleinen Stadt im Landesinneren, die als Hochburg der Katharer galt. Diese waren eine religiöse Bewegung, deren Bibel die Offenbarung des Johannes war. Der Vatikan hatte gegen die vorwiegend in den Pyrenäen lebende Glaubensgemeinschaft zum Kreuzzug aufgerufen, der schließlich zur Eroberung von Mont Segur und der Verbrennung von etwa zweihundert Anhängern auf dem Scheiterhaufen geführt hatte. In den darauf folgenden Jahrhunderten agierte die Gruppe im Untergrund. Eines ihrer geistigen Zentren war Agen.

LES
PROPHETIES
DE
M. MICHEL
NOSTRADAMUS,
Dont il y en a trois cents qui n'ont
jamais été Imprimées. Ajoutées
de nouveau par l'Auteur.

Imprimées par les soins du Fr. JEAN VALLIER du Convent de Salon des Mineurs Conventuels de Saint François.

A LYON,
Par PIERRE RIGAUD, ruë Merciere au coing de ruë Ferrandiere. 1566.

Avec Permission.

Titelseite der vom Kloster der Minderen Brüder (Franziskaner) in Salon herausgegebenen Gesamtausgabe der Prophéties *von 1566. Diese Ausgabe wurde in der Vergangenheit als Fälschung bezeichnet, weil einschlägige Kreise keinen Zusammenhang zwischen Franziskanern und Nostradamus erkennen wollten oder durften.*

Hier nun wohnte der aus Padua verbannte Julius César de L'Escalle, genannt Scaliger. Nostradamus sollte Jahre später seinen erstgeborenen Sohn aus zweiter Ehe César nennen. Scaliger hat Nostradamus also vermutlich nachhaltig geprägt.

J. C. E. beherrschte die lateinische Sprache perfekt und hatte sich auf die Verknüpfung von Mathematik und Sprache als Code für Geheimschriften spezialisiert. Dies war keineswegs einmalig. Ein Zeitgenosse von Nostradamus, Giambattista della Porta, legte mit seiner Schrift *De furtivis litterarum notis vulgo de ziferis libri IV* (1563) eine Zusammenfassung kryptogrammatischer Techniken im 16. Jahrhundert vor.

Bei Scaliger erlernte Nostradamus den Umgang mit den Verschlüsselungstechniken, wie sie im Vatikan, an den Fürstenhöfen sowie in den Klöstern gebräuchlich waren. Ob Buchstaben, Schablonen, Musiknoten, Planetennamen oder besondere Formatierungen – alles, womit sich Informationen verschlüsseln ließen, hat Nostradamus bei Scaliger gelernt. Sowohl bei Michel de Notredame als auch bei François Rabelais finden sich in deren späteren Publikationen recht auffällige Ornamente, die dem Kundigen wichtige Hinweise auf diese Techniken liefern.

Buchstaben bei Nostradamus und bei Rabelais

Die offizielle Begründung für den Aufenthalt in Agen ist die, dass die beiden Freunde dort ihre lateinischen und griechischen Sprachkenntnisse vertiefen wollten. Wozu aber brauchte ein Arzt profunde Griechischkenntnisse? Die Sprache der Mediziner war Latein.

Welchen Studien oder Arbeiten Michel de Notredame in Agen noch nachging, ist nicht bekannt. Michel war Arzt, demnach konnte er dort durchaus praktiziert haben. Sowohl der Franziskanermönch Rabelais als auch der Laie Michel de Notredame heirateten in Agen. Wohlgemerkt beide, also auch der Ordensbruder Rabelais! Es ist überliefert, dass Nostradamus ein liebreizendes, aber noch sehr junges Mädchen aus gutem Hause geheiratet hat. Blutjunge Mädchen verheiratete man damals gerne mit wohlhabenden älteren Männern (Nostradamus galt mit Mitte dreißig schon als alt). Starben die Männer, waren die jungen Witwen frei für einen feurigen Liebhaber, und die gemeinsamen Kinder waren gut versorgt. Meist heirateten die Frauen ihrerseits, sobald sie selbst älter geworden waren, einen armen, aber noch jungen Mann, der die Aufgabe der Erziehung der Kinder übernehmen konnte, falls sie der Tod ereilte. Diese Methode sicherte auf jeden Fall das Überleben der Kinder, die aus diesen Verbindungen hervorgingen.

Auch die beiden Ehen von Michel de Notredame folgten diesem Schema. Etwa mit fünfundvierzig Jahren heiratete er ein zweites Mal, und zwar eine jüngere, kinderlose Witwe namens Anne. Auch diese Frau war etwa zwanzig Jahre jünger als er. Als Nostradamus 1566 mit dreiundsechzig Jahren starb, war seine jüngste Tochter Diane gerade drei Jahre alt. Anne überlebte ihren Mann um siebzehn Jahre, d. h. sie starb, als ihre jüngste Tochter etwa zwanzig Jahre alt war. Das System hatte funktioniert, die Kinder waren versorgt.

Michel de Notredame muss in Agen sehr glücklich gewesen sein. Seine etwa zwanzig Jahre jüngere erste Frau, deren Name nicht bekannt ist, schenkte ihm im Verlauf der nächsten Jahre zwei Kinder, eine Tochter und einen Sohn. Doch das junge Glück währte nicht lange. Nostradamus musste hilflos zusehen, wie seine Familie 1536 in kurzer Zeit der Diphtherie zum Opfer fiel.

Es wird von anschließenden Querelen mit den Schwiegereltern berichtet. Angeblich ging es bei diesen Streitigkeiten um die Auszahlung des fällig gewordenen Anteils der Mitgift gemäß dem Heiratsvertrag. Damals ließ man den wohlhabenden jungen Mädchen die Mitgift in Raten zukommen: bei der Heirat ein erster Teil, nach fünf Jahren ein zweiter Betrag und der Rest dann nach zehn Jahren. Da viele Frauen im Kindbett starben und auch die Säuglingssterblichkeit hoch war, stellten die Schwiegereltern so sicher, dass die Mitgift zu keiner »Fehlinvestition« wurde, wenn weder Tochter noch Enkel für den Fortbestand der Familie sorgen konnten.

Nostradamus verließ noch während des anhängigen Rechtsstreits die Stadt Agen. Man hatte offenbar begonnen, weltanschauliche Fragen zu stellen. Es kann Freunden und Verwandten des jungen Paares nicht verborgen geblieben sein, dass Nostradamus dem jüdischen Glauben nahe stand. Dies konnte durchaus eine höchst gefährliche Situation für ihn bedeutet haben. Vielleicht ist in dieser Erfahrung der Grund dafür zu sehen, dass Nostradamus zwanzig Jahre später ratsuchende Menschen hinsichtlich ihres Verhältnisses zur Obrigkeit, zu Gerichten oder zum König so hellsichtig und einfühlsam astrologisch beraten hat.

Der Tod seiner jungen Familie hat Michel de Notredame vermutlich sehr mitgenommen. Er verschwand für Jahre von der Bildfläche. Anfänglich zog er, so wird berichtet, als ambulanter

Arzt von Markt zu Markt und verdiente sich seinen Lebensunterhalt als Wundermedizinverkäufer. Solche Geschäfte waren einträglich, denn für den Erhalt von Jugend und Schönheit sowie der Manneskraft gab man auch damals viel Geld aus.

Die Spuren von Nostradamus' Wanderschaft verlieren sich nach dem Besuch der Märkte von Toulouse, Bordeaux und Nantes. Denkbar ist auch, dass dieses Verschwinden mit der geheimen Mission, die er im Auftrag des Vatikans ausführte, zusammenhing. Aber davon später.

Auch von François Rabelais weiß man aus dieser Zeit nicht viel. Bekannt ist nur, dass auch er seine Frau und seine beiden Kinder verlor. Vermutlich kehrte er für einige Zeit in den Schoß der Franziskanergemeinschaft zurück. In derselben Zeit, in der Rabelais »untertauchte«, hört man von einem Mönch im Kloster Orval, der im Ruf eines Wunderheilers stand. Und Rabelais, so lautet die Überlieferung, war ein exzellenter Arzt. Auffallend an dieser Geschichte ist, dass der heilkundige, aber namenlose Mönch über Nacht aus dem Kloster wieder verschwand. Das war zwar an und für sich nichts Außergewöhnliches, denn die Versetzung von Brüdern innerhalb der Klostergemeinschaften war üblich. Dennoch gibt es gute Gründe zu vermuten, dass es sich hier um Rabelais gehandelt hat, der seine Kirchenstrafe für die nicht genehmigte Ehe verbüßt hatte und nun wieder in die Öffentlichkeit zurückkehren durfte.

Die Lücke im Lebenslauf

Die meisten Autoren, die in den letzten vierhundert Jahren über Nostradamus geschrieben haben, konzentrierten sich auf die *Prophéties* und interessierten sich allenfalls für die ersten Prophezeiungen in den Almanachen. Kaum einer von ihnen hat sich mit der auffälligen Lücke in seinem Lebenslauf beschäftigt. Dies ist jedoch nur allzu verständlich, denn die Wahrheit erscheint unglaubwürdig, abgehoben, ja schier unmöglich.

In dieser Zeitspanne von sieben bis zehn Jahren, die für die Nachwelt im Dunkeln liegt, kann sich um Nostradamus alles nur denkbar Mögliche ereignet haben. Er hätte wieder heiraten oder aus Kummer über den Verlust seiner Familie ins Kloster gehen können. Vielleicht ist er auch in dieser Zeit in einer geheimen Bruderschaft in Persien zum Seher ausgebildet worden. Eine diesbezügliche Notiz einer persischen Geheimgesellschaft geistert durch die Literatur. Darin wird bestätigt, »dass er sich dort der Einweihung in die Kunst des Sehens und der Prophetie unterzogen« habe. Man kann es sich natürlich auch leichter machen und diese Zeit mit der Bemerkung abtun, dass es wohl keine ruhmvollen Jahre gewesen sein dürften und sie daher für den Chronisten nicht weiter erwähnenswert waren.

Ganz so einfach ist es jedoch nicht. Es wäre für Nostradamus durchaus gefährlich gewesen, offen über eine Reise zu reden, auf der er die muslimischen Länder des nördlichen Afrikas bis nach Ägypten und womöglich weiter über Sinai, das Heilige Land, Mekka, Syrien, Persien und die Türkei bereist hat. Im 16. Jahrhundert, also in der Zeit der brennenden Scheiterhaufen, wäre das Misstrauen gegenüber einem Mann, der Arabien besucht hatte, groß gewesen. Die Stimmung in Europa war durch die türkische Bedrohung aufgeheizt. An den Höfen der Mächtigen und der Kirche stellte man sich die bange Frage, was geschehen würde, falls es nicht gelänge, die Türken an der Ostgrenze des Habsburgerreichs abzuwehren.

Die Entscheidungsträger im Vatikan haben mit Sicherheit einen oder mehrere Geheimagenten in das muslimische Territorium geschickt, um Einblick in Pläne und Absichten der drohenden Macht zu gewinnen. Was jedoch mit den heimgekehrten Agenten geschah, ist eine andere Frage. Es gibt keine Berichte darüber, was mit diesen vermeintlichen Agenten der Muselmanen passiert ist, wenn denn vielleicht ein Dorfpriesterlein sie denunzierte. Selbst wenn man den Vatikan um Auskunft über den Mann, der zuviel wusste, gebeten hätte – bis die Antwort aus Rom eingetroffen wäre, hätte man ihn längst auf dem Scheiterhaufen verbrannt.

Eine Reise in geheimer Mission

Michel de Notredame, ein Agent des Vatikans? Diese Vorstellung erscheint auf den ersten Blick absurd. Dabei mehren sich die Hinweise, dass es schriftliche Aufzeichnungen von Nostradamus gibt, die genau das belegen. Sie befinden sich heute in einem Geheimarchiv eines Ordens, dem Nostradamus zu seinen Lebzeiten vorstand. Solange die Archive in Paris nicht geöffnet werden, müssen wir uns auf Rekonstruktionen stützen. Wer nach Beweisen fragt, möge veranlassen, dass die Archive geöffnet werden!

Ob Nostradamus vorausgesehen hat, dass man seine Berichte einst in Archiven unter Verschluss halten würde? Vermutlich, denn er hat vorsorglich in seinen verschlüsselten *Prophezeiungen* Hinweise auf diese Reise hinterlegt. So lassen sich für den Kundigen in seinen Begleittexten und den Centurien die Stationen seiner Reise rund um das Mittelmeer bis ins Land des Zarathustra verfolgen.

So zum Beispiel der Ort Fès in Marokko: Der Seher schreibt

in einigen Versen das Wort »festes« (z. B.: IX,23 oder I,16). Auf den ersten Blick erkennt der Kundige darin die Bedeutung für »Fest«. Im Altfranzösischen (siehe Larousse, *Dictionnaire d'ancien français*) wurde die Vokabel in der Bedeutung »Spitze, höchster Punkt, Giebel« gebraucht. Im selben Wort versteckt sich aber auch »fes« und »tes«. Letzteres wurde von Nostradamus gern für den heutigen Begriff »These, Behauptung, Annahme« verwendet. Daher könnte man »fes tes« auch als »These von Fes« übersetzen.

Ein kleiner Deutungs-Exkurs: Wer sehr genau hinsieht, findet viele Hinweise auf die Stationen seiner Reise in den Wortkombinationen der Texte. In der von Nostradamus oft verwendeten Kombination »et uni« steckt eben nicht nur »et uni« = »und Einheit«, »einheitlich«, sondern auch »e tuni« = »ist Tunis«.

Zurück nach Fès. Dort befand sich seit dem 9. Jahrhundert unserer Zeitrechnung die älteste muslimische und erste und einzige astrologische Universität des Islam überhaupt. Wichtig in diesem Zusammenhang ist, dass es dort zur gleichen Zeit eine sehr große jüdische Gemeinde gab, die in friedlicher Koexistenz mit den Muslimen lebte. Jemand, der mit dem jüdischen Ritus in der Synagoge und auch privat gut vertraut war, konnte sich ohne große Gefahr in Fès als Jude ausgeben und unbehelligt bleiben. Einem Christen hingegen wäre das nicht möglich gewesen. So gesehen wäre Nostradamus für den Vatikan der ideale Agent gewesen.

Auf seiner Reise, die ihn über Spanien nach Nordafrika führte, war Fès vermutlich die erste große Station und vielleicht sogar der Ausgangspunkt der eigentlichen Expedition in das Reich der Muselmanen. Es ist zwar nur eine Hypothese, aber die große jüdische Gemeinde und die astrologische Universität dürften hinreichende Gründe gewesen sein, um in Fès länger zu verweilen.

Wir wissen aus Nostradamus' authentischer Biographie, dass er ein eifriger Astrologe gewesen ist. Aus Fès stammten die meisten astronomischen Instrumente zur Beobachtung und Vermessung der Sterne. Wo also hätte Nostradamus seine Kenntnisse im Gebrauch von astronomischen Tafeln, Astrolabien usw. besser erweitern können als an der astrologischen Universität von Fès? Eventuell stammten sogar die »goldenen Sternentafeln«, die er seinem ältesten Sohn aus zweiter Ehe hinterließ, aus Marokko.

Über Nostradamus' Motive, diese Reise anzutreten, können wir nur spekulieren. Vielleicht hat es ihn gereizt, sein astrologisches Wissen in Fès zu erweitern. Vielleicht hat der junge Witwer Michel de Notredame seinem Leben einen neuen Sinn geben wollen und deshalb dieser lebensgefährlichen Reise in den Orient zugestimmt, die ihm der Vatikan aufgetragen hatte. Die mögliche Lebensgefahr war für ihn nebensächlich geworden, er hatte nach dem Tod seiner Frau und seiner Kinder nichts mehr zu verlieren.

Vielleicht gab es aber noch einen anderen Beweggrund: Wir erinnern uns, dass sein Großvater mütterlicherseits Leibarzt des »Titularkönigs von Jerusalem« gewesen war. Gab es von dieser Seite noch offene Fragen, die nur vor Ort geklärt werden konnten? Es stellt sich die Frage, ob es um die Kreuzfahrer und um die im Nahen Osten verbliebenen Templer noch Geheimnisse gegeben hat, die Nostradamus aus eigener Neugier, im Auftrag seiner Familie oder gar auf Geheiß des in Frankreich im Untergrund agierenden Templerordens ergründen sollte. Auch ein solcher Umstand könnte erklären, warum er diese höchst gefährliche Reise zu den Wurzeln seiner jüdischen Vorväter oder den Quellen der Templer unternommen hatte.

Heute kann man Marokko in wenigen Flugstunden erreichen. Damals war es von Frankreich aus eine beschwerliche Reise, die durch Spanien führte und schließlich in einem kleinen Mittelmeerhafen endete, von wo aus man nach Nordafrika übersetzte. Die Reise dauerte Wochen, vielleicht sogar Monate.

Die Stadt Fès wurde im Jahr 789 christlicher Jahreszählung durch Moulay Idriss I. begründet und ist die älteste Königsstadt Marokkos. In ihren Mauern fanden im Jahre 818 n. Chr. arabische Flüchtlinge Aufnahme, die von den Christen aus Andalusien (Cordoba) vertrieben worden waren. Wenige Jahre später, um 825, erreichten etwa dreihundert vertriebene jüdische Familien (Handwerker und gebildete Kaufleute) aus Kairuan im heutigen Tunesien diesen Ort. Fès entwickelte sich fortan zu einem Ort für Glaubensflüchtlinge und erblühte durch die Talente der neu Hinzugezogenen wirtschaftlich und kulturell. So wird erklärlich, warum in Fès, lange vor der Sorbonne in Paris, die erste Universität der westlichen Welt begründet wurde. Denn wirklich fruchtbare Bedingungen für Forschung, Wissenschaft und Kultur entstehen oft an Orten, an denen sich gebildete Querdenker zusammenfinden. So war es auch in Fès.

Hier noch ein Hinweis für künftige Nostradamusforscher: Wenn wir in Nostradamus' Texten nach Hinweisen auf die Stadt Fès suchen, sollten wir die französische Übersetzung des arabischen Wortes »fès« nicht vergessen: »fès« = »Hacke« = französisch »hache«. Alle Wörter, in denen sich die Silbe »ache« findet (bei Nostradamus das Kürzel für »kaufen«), könnten somit in seinen Schriften ebenfalls auf Fès in Marokko hindeuten, denn dieser Ort war damals eben auch ein bedeutender Handelsplatz.

Das Einfallstor für Agenten

War Aleppo das Tor zum Orient für Späher des Abendlandes, die auf der Nordroute über Venedig und Byzanz nach Mekka, in das Zentrum des Islam geschickt wurden, so erfüllte Fès diese Funktion für Reisende der Südroute, welche über Südfrankreich und Spanien führte. In einem meist mehrjährigen Aufenthalt bereiteten sich die christlichen Kundschafter auf den einzelnen Stationen der Reise gründlich auf die Sitten und Gepflogenheiten künftiger Gastgeber vor, bevor sie unauffällig weiterreisen konnten.

Nostradamus konnte diese Vorbereitungszeit verkürzen, indem er sich innerhalb des muslimischen Territoriums von jüdischer Gemeinde zu jüdischer Gemeinde fortbewegte. Wie viele Monate sich Nostradamus in Marokko aufhielt, kann man aus seinen Texten nicht herauslesen. Wenn es private Aufzeichnungen darüber gibt, dann befinden sie sich, wie schon erwähnt, heute in Paris unter Verschluss. Er muss aber nach Tunis weitergereist sein, denn die Stadt wird in seinen Texten öfters verschlüsselt erwähnt. Es scheint so, als ob wir damit rechnen müssten, dass die Stadt bis zum Jahre 2500 n. Chr. ein Zentrum des Islam sein wird. Jedenfalls ergibt sich ein solches Bild, wenn man die Prophezeiungen der Centurien I bis V berücksichtigt.

Zu Zeiten des Sehers war eine Reise von Fès nach Tunis ein gefährliches Unterfangen, weil man auf die Karawanenwege angewiesen war, die von räuberischen Stämmen belagert wurden. Aber auch innerhalb der Karawane drohten Gefahren. Man musste sich bei seinen Mitreisenden Respekt verschaffen.

Der Reisende durfte sich auf keinen Fall als Christ »outen«, d. h. er hatte sich entweder als Muslim oder als Jude zu tarnen. Als Muslim musste er die Korantexte und deren Auslegung kennen. Unabdingbar war auch, soweit perfekt arabisch zu sprechen, dass er den Koran richtig zitieren konnte, sowie das korrekte Beugen beim Gebet in der Moschee. Aber vor allem musste er beschnitten sein.

Wer auch immer von den christlichen Königen und Päpsten in der Zeit des Nostradamus als Spion vom christlichen Europa losgeschickt wurde, kam meist nicht weit, weil seine Männlichkeit von einem »Etwas« zuviel hatte und er sich schon auf der ersten Etappe seiner Karavanenreise unausweichlich verraten musste.

Auch wenn sich der Reisende als Jude ausgab, musste er beschnitten sein. Wenn er innerhalb der islamischen Einflusssphäre von jüdischer Gemeinde zu jüdischer Gemeinde reiste, hebräisch sprach, die Thora lesen konnte und sich höflich gegenüber den Muslimen verhielt, dann wurde er in Ruhe gelassen. Aus Sicht des Vatikans war ein Mann wie Michel de Notredame die Idealbesetzung für einen Spion in Arabien.

Von Agenten, die im 18. und 19. Jahrhundert in islamische Länder geschickt wurden, weiß man, dass sie über Wien, Budapest und Sofia bis nach Aleppo reisten. Als Erstes ließen sie sich dort beschneiden, was für einen Erwachsenen nicht nur eine sehr schmerzhafte Prozedur war, sondern wegen der Infektionsgefahr über längere Zeit ausgeheilt werden musste. Eine frische Beschneidungsnarbe bei einem erwachsenen Mann hätte darüber hinaus auch Misstrauen erweckt. Die Weiterreise verzögerte sich daher oft bis zu zwei Jahre.

Nostradamus hatte nicht nur den Vorteil, beschnitten zu sein und den jüdischen Ritus genauestens zu kennen. Er wusste auch, dass die allerhöchste Geistlichkeit Roms seine Reise unterstützte und ein Interesse daran hatte, dass er unbeschadet in den römischen Herrschaftsbereich zurückkehren konnte. Für ihn bot sich die einmalige Chance, das astronomische und medizinische Geheimwissen seines Großvaters Jean de St. Rémy und der jüdischen Vorväter unauffällig zu studieren und zu überprüfen. Nicht umsonst wählte Michel de Notredame später den Namen Nostradamus als Pseudonym und Autorennamen. Aus dem Namen

```
N O S
 T R
  A
 D A
M U S
```

lässt sich ohne großen Aufwand der Hinweis »TORA AUD« – »Höre auf die Thora!« – oder »ROTA DUA« – »Drehe zweimal!« – herauslesen (siehe hierzu: Manfred Dimde, *Das Siegel des Nostradamus*, München 2001, und: *Nostradamus, Handbuch des Weltschicksals,* München 2003).

Tunis – Kairuan – Alexandrien

Was Nostradamus in Tunis zu tun hatte ist unbekannt. Karthago war etwa 1600 Jahre zuvor von den Römern zerstört worden. Unter Umständen sollte er über Zahl und Ausrüstung der dort vor Anker liegenden Schiffe berichten. In Tunis oder Kairuan schloss er sich vermutlich einer der vielen Karawanen an, die in Richtung Osten weiter zogen.

Ob er noch auf der Insel Djerba die älteste Synagoge, die angeblich von Abraham gegründet worden ist, besucht hat, ist nicht belegt. Er hätte jedoch guten Grund gehabt, dies zu tun. Zum einen gab es dort eine große jüdische Gemeinde, zum anderen hieß es, Djerba sei eine Art »Insel des Vergessens«. Die Bewohner sollen einen Trank hergestellt haben, den man Reisenden anbot. Diese aus der Lotuspflanze gewonnene Essenz soll zu einer völligen Amnesie geführt haben. Glücklich, nicht wissend, woher sie kamen und was sie auf der Insel wollten, lebten die so »Behandelten« der Sage nach weiter bei den Einheimischen. Diese konnten sicher sein, dass die Fremden nichts von dem in ihre Heimat berichten konnten, was sie auf Djerba vorgefunden hatten. So soll die Insel vom Einfall fremder Heere verschont geblieben sein.

Es bleibt dem Romancier überlassen, die Strapazen zu schildern, die der Mitteleuropäer Michel de Notredame hoch zu Kamel in der Gluthitze Nordafrikas erlitt. Er musste möglichst unauffällig – also ohne Diener oder Begleitung – auf den landesüblichen Fortbewegungsmitteln – nämlich Esel oder Kamel – durch die Wüste von einer befestigten Raststation zur nächsten gelangen. Er durfte der Reisegesellschaft nicht zeigen, dass er vermögend war, denn selbst innerhalb des Kamelzugs gab es genug Räuber.

Die Route war so gewählt, dass sich die Karawane mit ihren Handelswaren nach dem Morgengebet auf den Weg machte und noch vor dem Abendgebet den nächsten Warenumschlagplatz erreichte. Bei Sonnenuntergang wurden die Tore dieser sicheren Horte für die transportierten Waren geschlossen, sodass weder Mensch noch Tier sie verlassen oder betreten konnte. Bei Sonnenaufgang öffnete man die Tore erst wieder, wenn die ständigen Bewohner gemeldet hatten, dass ihnen über Nacht in den Warenlagern nichts gestohlen worden war.

Nach Wochen und Monaten dürfte Nostradamus in der Stadt Alexandrien im Nildelta angekommen sein. Der Nil ist in seinen späteren Prophezeiungen unter dem Namen SELIN zu finden. Rückwärts geschrieben ergibt diese Buchstabenfolge das Wort NILES, die französische Schreibweise für den

Nil. Im Frankreich des 16. Jahrhunderts war es gefährlicher, etwas über den Nil im Land der Muselmanen zu schreiben oder gar zu bekennen, dass man dort gewesen ist, als Prophezeiungen zu verfassen.

Von dieser Gegend geht auch heute noch eine große Faszination aus. Es ist nicht die Hafenstadt Alexandria, es ist etwas anderes, für das Auge nicht Sichtbares. Als sich vor Jahrtausenden die altägyptische Kultur aufzulösen begann, verlegte die Priesterschaft ihren Hauptsitz ins Nildelta. Viele Zeugnisse dieser Hochkultur sind im Schlamm des Flusses versunken. Doch an der gleichen Stelle entstand später wieder eine Hochkultur: Im Jahr 331 v. Chr. gründete Alexander der Große hier Alexandria. Der Ort begann relativ rasch wirtschaftlich und kulturell zu blühen. Er war das Einfalltor der seefahrenden Völker des Mittelmeers nach Ägypten, wo es viel Gold zu holen gab. Zum anderen war er das Ziel der wissbegierigen jüdischen Studenten, die die Quellen des ägyptischen Wissens besuchen wollten und versuchten, nilaufwärts zu den Tempeln in Heliopolis, Abydos, Dendera, Karnak zu gelangen.

Für einen gebildeten Reisenden im 16. Jahrhundert war Alexandrien der Ort, an dem das Wissen der Antike versammelt war. Bei diesem Wissen handelte es sich vielfach um »unterirdische Quellen«, denn die Geschichte Alexandrias verzeichnet mehrere Zerstörungswellen, in denen die Bibliotheken verbrannten und manche Erkenntnisse verdrängt und somit zu Geheimwissen wurden. Das Nildelta bot seit Jahrtausenden ein ideales Versteck für geheime Umtriebe.

Mit Alexandria hatte Nostradamus alias Micha, Sohn des Jakob, den Ausgangsort aller Kontroversen seiner Vorväter erreicht. Dort lebten – und leben noch heute, wie Eingeweihte wissen – die Urkopten, nicht zu verwechseln mit den heutigen

Kopten, deren Papst gemäß alter Tradition für die afrikanische Christenheit verantwortlich ist. Die Urkopten sind keine Christen. Sie hüten das geheime Wissen um Abraham, Moses, kurz alle Patriarchen »diesseits und jenseits des Meeres«. Es handelt sich dabei um Hinterlassenschaften und Originaldokumente aus der Zeit der Patriarchen oder Erzahnen, wie man sie auch zu nennen pflegt.

Wir können nur vermuten, dass sich Michel de Notredame seinen Mitreisenden gegenüber als Pilger zu den heiligen Stätten der Patriarchen, also Noah, Abraham und Moses, ausgab. Selbst ein Besuch von Mekka, wo der Legende nach Abraham mit seinem Sohn Ismael die Kaaba errichtet haben soll, war damals auch Nicht-Muslimen möglich. Die Urväter des jüdischen Ritus wurden vom Islam als Propheten und Vorgänger Mohammeds anerkannt. Es gab für die Muslime keinen Grund, einem jüdischen Pilger die Reise zu verwehren.

Wäre ihnen jedoch der wahre Zweck von Nostradamus' Pilgerfahrt bekannt gewesen, so hätten sie ihn sofort festgesetzt. Sein Auftrag war es, existentielle Fragen der Kurie in Rom nach der Situation innerhalb des muslimischen Glaubensverbundes beantworten zu helfen: Werden die Sarazenen (Türken) über Wien in Mitteleuropa einfallen und es besetzen, und wie werden sich die aus Spanien nach Nordafrika zurückgedrängten Moslems verhalten? Haben sie genug Material und Soldaten, um sich in diesen Konflikt einzuschalten?

Für Michel de Notredame selbst stand jedoch ein anderer Nutzen seiner Reise im Vordergrund. In Fès erlernte Nostradamus die Techniken der arabischen Astronomen und Astrologen: die Beobachtung von Sternen, Sternbewegungen und die Bestimmung ihrer jeweiligen Position am Himmel. Ferner dürfte er die Kunst erworben haben, vorauszuberechnen, wann die beweglichen Himmelslichter welche Position einnehmen. Zwar gab es in Europa schon so genannte Sternentafeln mit Angaben zu den Umlaufzeiten der Planeten, doch hatten sich diese allesamt als zu ungenau erwiesen. In Ägypten kam er schließlich zu den Quellen der Deutung, zur Beantwortung der Frage: Was bedeuten die einzelnen Positionen der Planeten, d. h. welche Effekte sind bei welchen Konjunktionen zu erwarten?

Im alten Ägypten war die Beobachtung von »Sternenwegen« die Aufgabe der Priesterinnen und Priester. Planeten und Sterne waren im alten Ägypten Götter, also fiel deren Beobachtung den Tempeln zu. Neben den einzelnen Mondphasen und dem Sonnenauf- und -untergang waren es die Kometenerscheinungen, die den alten Ägyptern am Himmel Hinweise auf zukünftige Ereignisse gaben. Kurz: Wenn in Fès die Aufzeichnungen über den Lauf der Wandelsterne für den Kundigen interessant waren, dann waren es in Alexandrien oder allgemeiner gesehen in Ägypten die Quellen der Vorväter, die aussagten, wie man diese astronomischen Daten über lange Perioden interpretiert hatte.

Astrolabium. Instrument zur Bestimmung der Position der Wandelsterne.

Für Nostradamus dürfte die Stadt Alexandria die wichtigste Station seiner Reise gewesen sein. Hinzu kam noch, dass eine Gruppe von dortigen Urkopten sowohl den jüdischen als auch später den christlichen Ritus kontrollierte, was im Westen kaum bekannt ist. Insider wissen, dass von dort aus auch der Aufstieg Mohammeds gesteuert wurde. Dies geschah, um die sich abzeichnende Übermacht der Heidenchristen im 7. Jahrhundert christlicher Jahreszählung einzugrenzen. Muslime in heutiger Zeit mögen über diese Bemerkung erbost sein, aber laut Nostradamus wird eine Zeit kommen, in der die Zusammenhänge erkannt werden.

Nostradamus, der Agent des Vatikans, dürfte dies gewusst haben. Entweder war dieses Wissen Bestandteil der Instruktionen, die er vor seiner Abreise erhalten hatte, oder es war Teil der geheimen Ausbildung durch seinen Großvater. Ob er versucht hat, mit jenen Kreisen Kontakt aufzunehmen, werden wir jedoch nie erfahren, zumindest nicht, solange die Öffentlichkeit keinen Zugang zu seinen in Paris verwahrten Briefen und Aufzeichnungen erhält.

Dendera

Gut 60 Kilometer nördlich von Luxor am linken Nilufer gelegen, befand sich in Dendera die Hauptkultstätte der Liebes- und Fruchtbarkeitsgöttin Hathor. Der Tempel wurde im 1. Jahrhundert v. Chr., also in ptolemäischer Zeit, an der Stelle eines älteren Heiligtums errichtet. In Dendera wurden anhand der astronomischen Jahresdaten alle Vorhersagen getroffen, die die Ernte, das Nilhochwasser und das Wetter betrafen – die also für das physische Überleben der Ägypter wesentlich waren.

Doch das Wissen der Priester und Priesterinnen umfasste noch weit mehr. Wenn der Pharao und seine Berater wissen mussten, wie die Bewegungen am Himmel in nächster Zeit ablaufen würden, um daraus Rückschlüsse auf die Ereignisse auf der Erde zu ziehen, dann versammelte man sich in Dendera, bewegte die »Stützen des Himmels«, ein Gestell aus purem Gold, auf die aktuelle Position und konnte dann die

Situation am Himmel ablesen, d. h. die Wandelsterne aufgrund ihrer Stellung zueinander deuten. Dabei kam es auf Genauigkeit an, und so mussten die Priester ihren Mondkalender ständig neu justieren.

Die Wissenden standen dabei im Hof der Anlage und warteten auf den Mondaufgang. Eine Treppe mit hundertachtzig Stufen führte hinauf zum Dach, wo sich das Observatorium befand. In der Decke des Treppenhauses sieht man noch heute Öffnungen, die wie Schächte aussehen. Wenn beispielsweise der Mond im Peilloch sichtbar wurde und gleichzeitig in zwei anderen Peilpositionen im Observatorium die Plejaden zu sehen waren, dann konnte eine Korrektur des Mondkalenders vorgenommen werden. Nach dem gleichen Prinzip wurde auch der Zyklus der Sonne oder der eines Fixsterns korrigiert. Die bis dahin gültige Zeitrechnung galt als beendet. Die neue Zeit begann mit dem nächsten Sonnenaufgang. Anschließend wurde der Stand der Sterne zu Beginn der neuen Mondperiode beurteilt.

Eigentlich müssten Astrologen aller Herren Länder dorthin pilgern und einige Nächte auf dem Dach des Tempels verbringen. Unter dem Eindruck des Nachthimmels über Ägypten würden sie sehr schnell die Funktionalität der Anlage begreifen und bestaunen.

Halten wir also fest: Nostradamus hat um 1542 entweder in der Synagoge des erzkonservativen jüdischen Ritus von Alexandrien oder direkt im Observatorium des Tempels der Hathor, in Dendera, die Einweisung in die Wurzeln aller astronomisch-astrologischen Zyklen und deren Bedeutung erhalten. Wer sich intensiv mit seinen Texten beschäftigt, erkennt, dass er stets den Beginn oder das Ende eines Zyklus erwähnt und dementsprechend seine Weissagung hinterlässt.

Um 1544 taucht Nostradamus in Marseille, der großen Hafenstadt im Süden Frankreichs, wieder auf. Ist er mit einem Schiff aus dem Orient nach Frankreich zurückgekehrt? Man weiß es nicht.

Als Arzt hilft er mit, eine Keuchhustenepidemie zu bekämpfen. Verbrieft ist dieser Aufenthalt in Marseille, weil Nostradamus sich mit den dort ansässigen Apothekern angelegt hat. Er beschimpfte sie als Dummköpfe, und es wird überliefert, dass sie ihm ob des geschäftsschädigenden Verhaltens nach dem Leben trachteten. Nostradamus floh nach Aix-en-Provence, wo gerade die Pest ausgebrochen war. Er bot der Stadt an, als Seuchenarzt zu arbeiten, und wurde aufgrund seiner Erfolge in Marseille auch engagiert.

Nostradamus als Seher

Wäre in Aix nicht die Pest ausgebrochen, hätte die Nachwelt von seiner Tätigkeit nichts erfahren. Von seinem Aufenthalt in dieser Stadt wird berichtet, dass er sich dort als Arzt und Hersteller von Heilmitteln besonderer Art betätigte. Er verordnete den Erkrankten eine Art Puder, den er aus blauem Ambra und Rosenöl hergestellt hatte. Aus den gleichen Zutaten fertigte er auch Pastillen an. Seine ärztliche Anweisung lautete, dass der Erkrankte den Puder ständig in die Kleider zu streuen und die Pastillen fortwährend im Mund zu behalten hatte. Seine Therapie hatte Berichten nach Erfolg, und so konnte er mit dieser ärztlichen Maßnahme die Stadt Aix rasch von der Pest befreien.

Solche Erfolge sprachen sich schnell herum, und Michel de Notredame erreichte aus Salon, dem mittlerweile durch mehrere Pestepidemien von fast 6000 auf 1800 Einwohner geschrumpften Städtchen, ein Hilferuf. Der kleine Ort mit einem Schloss, einem Kloster und mehreren Kirchen liegt an der Strecke zwischen Arles und Aix, und zwar etwa eine Tagesreise von Aix entfernt. Auch hier wendete Nostradamus wieder die bereits beschriebenen therapeutischen Maßnahmen an. Wiederum war ihm Erfolg beschieden, und er befreite die geplagte Stadt von der Pest. Inzwischen hatte die Epidemie jedoch auch das große Zentrum Lyon erreicht, und so begab sich Nostradamus dorthin, um seinen bewährten Puder und die Lutschpastillen zu verkaufen. Sein Ruf als erfolgreicher Pestarzt war ihm von Aix und Salon bis nach Lyon vorausgeeilt. Wie schon ein Jahrzehnt zuvor war er wieder einmal als Wanderdoktor unterwegs.

Wer sich intensiv mit dem Leben des Arztes und Astrologen Nostradamus beschäftigt, merkt, dass praktisch so gut wie gar nichts von diesem Mann bekannt ist. Zwar ist viel über sein berühmtes Buch der Voraussagen geschrieben worden, aber über gut die Hälfte seiner insgesamt dreiundsechzig Lebensjahre wissen wir nichts. Zwar erfährt man in Salon recht viel über ihn, aber es handelt sich hierbei überwiegend um mündliche Überlieferung, denn alle Dokumente, die sich auf Nostradamus beziehen, liegen, wie bereits erwähnt, der Öffentlichkeit unzugänglich in Paris. Geheimgesellschaften halten sie dort unter Verschluss. Die Dokumente, die sich bis zum Jahre 1953 in Privatbesitz befunden haben, sind von amerikanischen Offizieren aufgekauft und nach New York und Caracas gebracht worden.

Publikationen, die Nostradamus betreffen, werden in Frankreich unterdrückt. In Eigenverlagen versuchen dort einige Herausgeber, wenigstens den Gesamttext zu vertreiben, den sie mit einigen Anmerkungen versehen haben. Diese Auflagen erreichen kaum mehr als fünfhundert Exemplare und verschwinden schon nach ein bis zwei Jahren in der Versenkung. Eine Verschwörung? Eine moderne Zensur gegen einen Mann, der schon vierhundertfünfzig Jahre tot ist? Nein, es ist vielmehr die Angst, dass über das Seherphänomen mehr bekannt wird und sich so ein völlig anderes Bild von den geheimen Umtrieben im Frankreich der Renaissance ergeben könnte. Und es ist weiter die Angst vor Nostradamus' Fähigkeit, den Zeitpunkt der geschauten Ereignisse genauer zu bestimmen als jeder andere Prophet vor ihm. Das nämlich ist die Besonderheit der Prophezeiungen des Sehers von Salon, und davor fürchtet man sich auch noch im Computerzeitalter. Mit etwas Geschick und einem entsprechenden Hintergrundwissen lassen sich seine verschlüsselten Botschaften als genaue Vorhersagen lesen, und weil Nostradamus dabei Ross und Reiter nennt, wäre es wesentlich schwieriger, eine durch seine Prophezeiungen aufgeklärte Bevölkerung politisch zu manipulieren.

Kennt der Erste der Dekodierer das System der Zeiteinteilung oder Zeitordnung, das Nostradamus benutzt hat, so kann er anfangen, die niedergeschriebenen Texte des Sehers mit den aktuellen Geschehnissen zu vergleichen. Auf der Grundlage systematischer Aufzeichnungen erkennt er die Abweichungen vom tatsächlichen Geschehen. Durch die Fehleranalyse lernt er, nach und nach das System der Kodierung zu rekonstruieren. Schließlich ist es wirklich nur noch eine Frage der Zeit, bis der Code des Nostradamustextes von vielen Tausenden von Kundigen durchschaut werden und jeder Wissensvorsprung von Geheimbündlern verloren gehen wird. Genau das aber will man nicht. Darum wird in Frankreich jede weiterführende Literatur zum Thema Nostradamus ebenso still wie systematisch unterdrückt.

Eine neue Chance

Auch in Lyon ging schließlich die Zeit der Seuchenbekämpfung vorüber. Von dort zurückgekehrt hielt sich Nostradamus überwiegend in Salon (de Crau) auf. An diesem Ort hatte sich einer seiner Brüder, Bertram de Notredame, mit seiner Frau Thominée niedergelassen. Bertram war Stadthauptmann, d. h. eine Art Polizeichef und Bürgermeister. Es ist daher durchaus denkbar, dass er einen vorzüglichen, erfahrenen Medikus an seine Stadt binden wollte, um im Falle einer erneuten Epidemie fachliche Hilfe vor Ort zu haben. Ein Arzt wurde damals von einer Stadt angestellt und pauschal honoriert. Er war für alle Stadtbewohner zuständig, was hieß, dass der einzelne Stadtbewohner seine Dienste nicht extra bezahlen musste.

Bertram und seine Frau verkuppelten, so liest man, unter

Nutzung ihrer Verbindungen Nostradamus mit einer jungen, kinderlosen Witwe aus guter Familie. Am 11. November 1547 schloss man den Ehevertrag: Anne Ponsard brachte 400 Florin in bar und noch weiteres Vermögen in die Ehe ein; Nostradamus erhielt von seinem Onkel Pierre de Notredame – die Mitglieder der Familie de Notredame scheinen im Übrigen alle wohlhabend gewesen zu sein – 300 Ecus d'or, die er nach dessen Tode erben sollte. (Ein Ecu d'or entspricht gut 1000 Euro. Zu Nostradamus' Zeiten konnte man mit 20 bis 30 Ecu d'or pro Jahr gut leben). Die Hochzeit feierte man am 26. November 1547. Aus der Ehe gingen insgesamt sechs Kinder hervor, nämlich drei Söhne und drei Töchter:

1551 Tochter Madeleine
1553 Sohn César
1556 Sohn Charles
1557 Sohn André
1558 Tochter Anne
1561 Tochter Diane

Eine Eintragung im Stadtregister von Salon besagt, dass Dr. Nostradamus, wohlbekannt in Salon, im Quartier Ferreiroux nach seiner Hochzeit mit Anne Ponsard ein Haus gekauft hat, das sich neben dem Grundstück von Herrn Estienne Lasalle und dem Haus des Ketzers Genette Tessier befand. Michel de Notredame kam mit knapp vierundvierzig Jahren ein zweites Mal unter die Haube und wurde sesshaft. Bei einer Lebenserwartung von durchschnittlich neununddreißig Jahren galt er wie schon gesagt bereits als alter Mann.

In Salon war er bald als großzügiger Wohltäter bekannt. Seine zahlreichen Reisen, die er – vor allem nach Italien – weiterhin unternahm, werden von den Chronisten nur gelegentlich erwähnt. Es ist fast so, als ob hier schon zu Lebzeiten von seiner Seite aus eine Zensur erfolgte. Vielleicht hatte auch der Vatikan ein vitales Interesse daran, dass über diese Reisen nichts bekannt wurde.

Holzschnitt aus dem Titelblatt der ersten Auflage von Mai 1555.

Der Arzt als Autor

Ab 1550 beginnt Nostradamus, in regelmäßigen Abständen kleine Schriften zu veröffentlichen: Ratschläge, wie man gesund bleibt, wie man Potenzmittel herstellt, Marmelade einkocht und dergleichen mehr. Doch schon damals setzte er seine prophetischen Fähigkeiten ein, die er meiner Einschätzung nach um 1544 entwickelte, und publizierte erste Vorhersagen. Er gab prognostische Almanache heraus, die in dieser Zeit sehr beliebt waren. Sie enthielten meist Prognosen für das jeweils folgende Jahr, die Voraussagen über das Wetter, die Ernte, Krieg und Frieden, Pest und Kometen als Unglückskünder enthielten.

Abnehmer dieser Schriften waren nicht etwa normale Bürger, sondern ausschließlich der Landadel oder auch der höhere Adel. Diese Zielgruppe konnte lesen und hatte auch genug Geld, um sich die damals sehr teuren Druckerzeugnisse leisten zu können. Und die Aristokratie hatte gute Gründe, sich über zukünftige Ereignisse zu informieren. Man versuchte, aus den Vorhersagen für das kommende Jahr herauszulesen, ob Nostradamus versteckte Hinweise auf den möglichen Tod des Königs gegeben hatte.

Aus heutiger Sicht sind solche Ängste kaum verständlich, aber der Adel Frankreichs lebte in ständiger Sorge, dass bei der Thronbesteigung eines neuen Monarchen die einmalige Steuer von 10 Prozent auf alle ihre beweglichen und unbeweglichen Güter fällig wurde. Einem alten Brauch entsprechend musste nämlich der neue König die Adelsbriefe und die damit verbundenen Rechte neu bestätigen. Dies erfolgte aber nur dann, wenn der Finanzminister durch seine Unterschrift auf einem entsprechenden Dekret bestätigt hatte, dass die Thronbesteigungsabgabe geleistet worden war. Anschließend lebte und wirtschaftete der Adel wieder steuerfrei.

Die prophetischen Schriften des Nostradamus wurden bald zu Bestsellern. Zwar erreichten die Auflagen selten mehr als hundert Exemplare, doch gemessen an den Umständen der damaligen Zeit kam das einer Auflage von mehreren zehntausend gleich.

Sein größter Erfolg und die Krönung seines prophetischen Schaffens waren aber zweifelsohne die *Prophéties*. Nostradamus liebte Zahlenspielereien. So wurde das erste Exemplar der *Prophéties* am 4. Mai 1555 gedruckt und am 5. 5. 555 (der

Tausender spielte bei den Kalenderrechnungen des Nostradamus keine Rolle!) den Kunden übergeben. Für Nostradamus scheint dieses Datum aus mehreren Gründen wichtig gewesen zu sein:

- Fünfmal die Fünf ist die Geheimtafel der Templer.
- Es gibt fünf Bücher Mose (Pentateuch).
- Der Fünfzack (Pentagramm oder Drudenfuß) ist ein mächtiges magisches Zeichen.

Auch die Formel 5 × 5 × 5 × 5 × 5 steckt voller geheimer Aussagen. Wenn wir diese Formel und die Ergebnisse der einzelnen Multiplikationen in einen Kreis schreiben, wird der Kundige staunen:

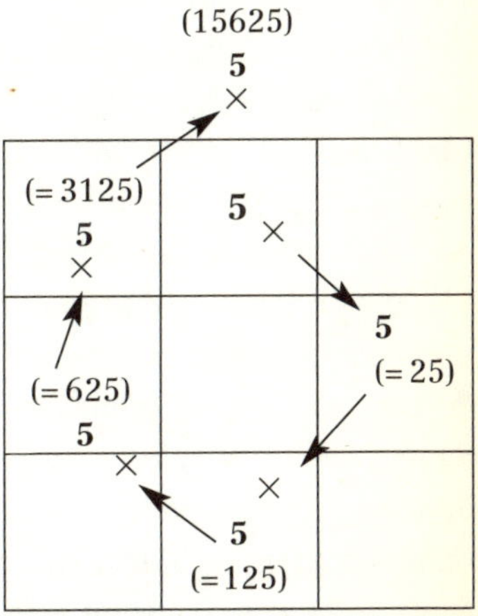

Das ist die mathematisch dargestellte Formel für ein Symbol, das man u. a. auch auf der Grabplatte von Herder in der Herderkirche zu Weimar sehen kann: die Schlange, die sich selbst in den Schwanz beißt.

× 5 = 5
5 × 5 = 25
25 × 5 = 125
125 × 5 = 625
625 × 5 = 3125 => kommt der Zahl Pi = 3,14 sehr nahe.
3125 × 5 = 15 625 => Wurzel daraus ergibt 125.

Sind das bloße Zahlenspielereien oder versteckte Hinweise? Wenn man die Zahl 144 000 – die von Nostradamus bemessene Gesamtzahl der Buchstaben und Leerzeichen des Textes seiner Prophezeiungen (sie wird auch in den Offenbarungen des Johannes genannt) – durch 125 teilt, ergibt das 1152.

Teilt man 1152 durch 4, erhält man 288. Die Zahl 288 wiederum gilt den Kundigen als die Zahl der Geburt. Die Schwangerschaft einer Frau dauert zehn Mondmonate, was in etwa 288 Tagen entspricht. Das Datum der Erstauslieferung seines Buchs der *Prophezeiungen* war also offenbar sehr sorgfältig gewählt worden.

Die erste Auflage der *Prophéties* erregte sofort Aufsehen in Adelskreisen. Heinrich II. war zu dieser Zeit König von Frankreich, Katharina von Medici, die Nichte zweier Päpste, seine Frau. Katharina schrieb nach der Lektüre der *Prophezeiungen* an den königlichen Statthalter in der Provence, Graf Claude de Tande, dass »der König diese Person zu sehen wünscht«. De Tande, von dem überliefert ist, dass er Nostradamus sehr schätzte, überbrachte diesem die Einladung. Der Seher machte sich zwei Monate später, am 14. Juli 1555, auf den Weg und reiste über Lyon nach Paris, wo er genau einen Monat später, zu Mariä Himmelfahrt, eintraf. Der Zwischenstopp in Lyon war vermutlich auch deshalb nötig, weil er sich dort mit weiteren druckfrischen Exemplaren der *Prophéties* eindecken konnte. Den Aufzeichnungen kann man entnehmen, dass die erste Audienz bei Hofe für Nostradamus sehr positiv ausfiel. Der König und die Königin sollen tief beeindruckt gewesen sein und honorierten Nostradamus mit jeweils 100 Ecus d'or. Ein damals traumhaftes Honorar, das einer lebenslangen Rente entsprach, welche noch dazu in einem Betrag ausgezahlt worden war.

Die unverschlüsselten Prophezeiungen

Wir können heute davon ausgehen, dass es mindestens zwei Exemplare der *Prophéties* gegeben hat, die Nostradamus als unverschlüsselten Text weitergeben musste. Er war zum einen dem Papst, zum anderen seinem König, Heinrich II. von Frankreich verpflichtet, und hatte diesen den Klartext seines Buchs zu übergeben. Es ist schlicht undenkbar, dass ein Autor im Frankreich der Renaissance ein verschlüsseltes Buch hätte drucken lassen können. Der Souverän hätte nie zugelassen, dass Gedrucktes mit geheimem Inhalt in seinem Königreich kursierte.

Bücher zu veröffentlichen war damals keinesfalls einfach und für jedermann so ohne weiteres möglich. Entsprechend findet sich in der ersten Auflage der *Prophezeiungen* vom Mai 1555 eine detaillierte Druckgenehmigung, die eine ganze Buchseite einnimmt. Neben dem weltlichen Souverän hatte auch die Kirche ein Wörtchen mitzureden, und so ist es ebenfalls undenkbar, dass das Heilige Offizium in Rom, d. h. die im Vatikan für die Bewahrung des orthodoxen Glaubens zuständige und unter dem Namen »römische Inquisition« berühmt-berüchtigte Kongregation tatenlos zugesehen hätte, wenn ein der Kurie nicht bekannter verschlüsselter Text verbreitet worden wäre, der die Zukunft der Christenheit zum Inhalt hatte.

Der listige Autor und die Zukunft

Nostradamus hat in seinen Prophezeiungen zwei Kodiersysteme miteinander kombiniert. Zum einen verwendete er eine verschlüsselte Zeitangabe für die Prophezeiungen in vollen Jahren, zum anderen einen nach den Gepflogenheiten der Steganographie verschlüsselten Text. Der Seher nannte diese Kombination den »linguistischen Einstieg«.

Darüber hinaus galt es aber, noch einen geheimen Inhalt

Geheime Bilder zu den Prophezeiungen. *Sind die zwei Astrolabien ein Hinweis auf zwei Texte?*

innerhalb des verschlüsselten Textes unterzubringen und mit einem weiteren Zeitcode zu verbinden (siehe u. a. Manfred Dimde, *Das Siegel des Nostradamus*).

Ruhm und Reichtum

Astrologe des Königs – was für eine Karriere! Neben seinen astrologischen Kenntnissen schätzte man bei Hofe auch sein Wissen als erfahrener Arzt. Nostradamus genoss nicht nur die Gunst des Königs, auch der Hochadel bemühte sich um ihn. Um die Königin und den König in ihren Residenzen und Palästen begrüßen zu können, veranstalteten die Adligen große Feste zu Ehren des Sehers. Andere gaben für sich und ihre Familien Horoskope in Auftrag. Den Propheten des Königs behandelte man natürlich besonders zuvorkommend und honorierte ihn entsprechend großzügig. Als Nostradamus im Herbst die Heimreise nach Salon antrat, führte er ein großes Vermögen an

Goldstücken und Juwelen mit sich. In Salon hatte sich herumgesprochen, wie erfolgreich seine Reise gewesen war, und er wurde bei seiner Rückkehr begeistert gefeiert.

Die Ehrung durch das französische Königspaar im Jahre 1555 blieb kein Strohfeuer. Nostradamus wurde ein enger Vertrauter von Katharina von Medici und ein einflussreicher Berater des französischen Königshauses. Im Herbst 1564, also zwei Jahre vor seinem Tod, wurde Nostradamus von Karl IX. und seiner Mutter Katharina von Medici höchstpersönlich in Salon besucht. Eine Ehre, die einem bürgerlichen Untertan eigentlich nicht zustand. Es muss also für Katharina Gründe gegeben haben, die Etikette zu ignorieren. Ein Höfling berichtete, dass sich der König drei Wochen in Salon aufhielt, was für die Stadt fast zur Katastrophe wurde, weil der kleine Ort den großen Hofstaat nicht standesgemäß unterbringen konnte.

Der Wohlstand des Michel de Notredame, der sich nun »Nostradamus« nannte, resultierte aus seiner Arbeit zwischen 1555 und 1561 als Geheimer Rat der französischen Krone, d. h. als eine Art »Sicherheitsberater«, und als Arzt und Astrologe der königlichen Familie und des französischen Hochadels. Der Hofstaat Heinrichs II. hatte ihn für seine »nicht-politische« Arbeit mit Schmuckstücken entlohnt; Geld gab es dafür nicht. Dies war damals so üblich und hatte folgenden Grund: Man ging seinerzeit davon aus, dass jede Krankheit eine von Gott auferlegte Strafe für begangene Sünden sei. Das aber bedeutete, dass jeder Arzt oder Heiler, der dem Patienten dabei half, sich der göttlichen Bestrafung zu entziehen, sich ebenso dem Willen Gottes widersetzte. Den Arzt in bar zu bezahlen hätte demzufolge bedeutet, sich von seinem Schicksal freikaufen zu wollen. Dies galt es zu vermeiden. Also versuchte man beispielsweise, mithilfe eines

Astrologen den göttlichen Willen zu ergründen, und »opferte« Gott dann Wertgegenstände aus seinem Privatbesitz als Dank für die Linderung oder Heilung. Der Arzt erhielt dann davon einen Anteil.

In der Vorstellungswelt des 16. Jahrhunderts kommunizierte Gott mit seiner Schöpfung durch die Sternenschrift am Himmel. Der Schöpfer schrieb seinen Willen ans Firmament, indem er die Sterne bewegte. Die Aufgabe des Astronomen lag also darin, festzustellen, wo sich die Sterne augenblicklich befanden und in welchem Verhältnis sie zueinander standen. Der Astrologe wiederum schlug dann in alten Aufzeichnungen nach, um zu ergründen, was die jeweilige Konstellation zu bedeuten hatte.

Nostradamus, der sowohl als Arzt wie auch als Astrologe über große Erfahrung verfügte, konnte über keinen Mangel an wohlhabenden Patienten klagen. Als er 1555 von seiner ersten triumphalen Reise aus Paris nach Salon zurückkehrte, hatte er der Überlieferung zufolge eine ganze Kutsche voller Etuis mit Preziosen mit sich geführt. Für jede Beratung, ob König, Königin, Prinz oder Adliger, wurde er separat entlohnt. Das Königspaar wollte seinen Berater stets in seiner Nähe wissen. Es heißt, dass Nostradamus Abend für Abend zu den Festen des Hochadels in Paris und Umgebung geladen war, weil man dann sicher sein konnte, dass das königliche Paar ebenfalls anwesend sein würde.

Seine »sieben fetten Jahre« währten bis etwa 1562. Auf zahlreichen Reisen zu gut betuchten Kunden sammelte er ein gewaltiges Vermögen an. Es war so viel, dass er seiner Stadt Salon-de-Provence eine Stadtkanalisation schenken konnte, die er in drei Raten bezahlte. Den Bauern um Salon schenkte er einen 14 Meter breiten Bewässerungskanal. Er muss wirklich unvorstellbar hohe Einnahmen gehabt haben, denn Geschenke dieser Größenordnung konnten zu seiner Zeit allenfalls Fürsten finanzieren. Bis heute suchen die Einheimischen nach dem eigentlichen Schatz des Nostradamus, den er angeblich auf dem Gelände des nahe gelegenen römischen Thermalbads Glanum versteckt haben soll.

Die letzten Jahre

Ab 1561 war Nostradamus nicht mehr den Strapazen langer Reisen gewachsen, und die Adligen Frankreichs besuchten ihn in zu Hause, um sich Ratschläge für das Tagesgeschäft oder Linderung für ihre Krankheiten zu holen. Würde man die Höhen und Tiefen seines Lebens mit wenigen Worten charakterisieren wollen, dann könnte man sagen, dass er in seiner Jugend den Reichtum seiner Eltern in vollen Zügen genießen konnte, während er in der Blüte seines Lebens wie ein Bettler leben musste, um dann seine letzten elf Lebensjahre wieder als reicher Mann zu verbringen.

Nach eigenen schriftlichen Anmerkungen, die man in seinen Unterlagen gefunden hat, unternahm der Schwerkranke eine letzte Reise ins 35 Kilometer entfernte Arles. Dort residiert der Titularkönig von Jerusalem, dem er, so heißt es in seinen Aufzeichnungen, »etwas zurückgibt«, was aber nicht näher bezeichnet wird. Für uns bleibt nur eine Schlussfolgerung: Michel de Notredame hat von seinem Großvater mütterlicherseits, dem Leibarzt des Königs von Jerusalem, etwas vermacht bekommen, das er seinerseits innerhalb der Familie nicht mehr weitergeben konnte oder durfte. Es scheint sich um etwas äußerst Wichtiges gehandelt zu haben, denn warum sollte er sonst als todkranker Mann eine so beschwerliche Reise auf sich genommen haben?

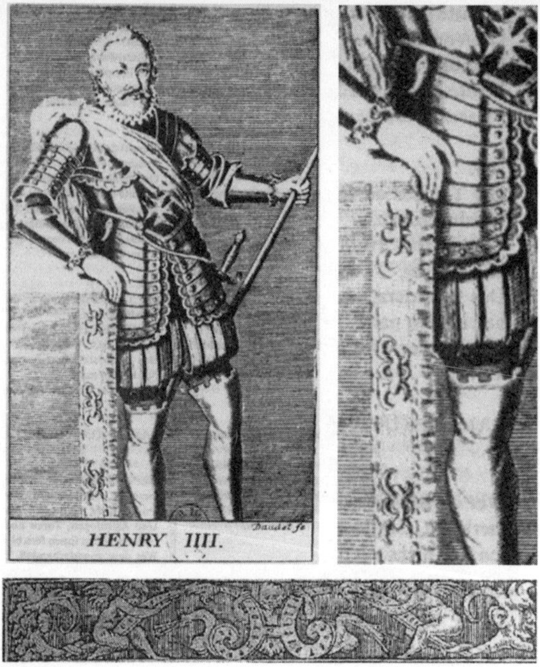

Heinrich IV. stützt sich auf ein Geheimzeichen der Templer (siehe Querbalken unten). 1555 ließ Nostradamus dieses Zeichen in die Erstausgabe seiner Prophéties *drucken.*

Der Titularkönig von Jerusalem hatte wie bereits berichtet innerhalb der Templerschaft eine wichtige Funktion: Er war der Hüter der Johannes-Offenbarungen im Originaltext. War auch Nostradamus Mitglied der Templer? Einige Verzierungen in den Erstausgaben seiner Werke deuten an, dass er tatsächlich einen hohen Rang bei den Templern innegehabt haben muss.

Hierzu muss man wissen, dass Heinrich IV. erst etwa vierzig Jahre nach Nostradamus' Tod den Thron Frankreichs bestieg. Nostradamus bezeichnete diesen Heinrich als Verräter an der Sache.

Die Tage des Sehers waren gezählt: Nun bereits über sechzig Jahre alt, war er mittlerweile gebrechlich geworden. Laut seinem Sohn César litt er unter Rheuma, Gicht und Arteriosklerose und wurde immer vergesslicher. Die Symptome konnten mit den damals zur Verfügung stehenden Arzneien nicht mehr in den Griff bekommen werden, vor allem die Wassersucht schritt immer weiter fort.

Im Juni 1566 hatte die heiße Jahreszeit im Mündungsgebiet der Rhône bereits begonnen. In die Städte Avignon, Arles, Salon und Aix war der Sommerrhythmus eingekehrt. Zu dieser Jahreszeit wird es dort schon gegen Mittag sehr warm. Also verlegte man die Tagesarbeit auf die Morgenstunden und die restlichen Erledigungen auf den Abend oder die Nacht. Die Hitzemonate im Süden Frankreichs waren keine gute Zeit für den schwerkranken Michel de Notredame. Er hatte für damalige Maßstäbe ein hohes Alter erreicht. Viele seiner Weggefährten waren längst vor ihm gestorben.

Nostradamus, der zeitlebens ein Kämpfer gewesen war, fühlte – so ist es schriftlich hinterlegt – das Ende nahen und begann seinen Nachlass zu regeln. Man fand später in seinen schriftlichen Hinterlassenschaften eine Anmerkung für den 2. Juni 1566: »Hier ist der Tod nahe.« César berichtet, dass die Beine des Vaters unförmig angeschwollen waren und dass ihm das Atmen schwer fiel. Schlafen konnte er, wenn überhaupt, nur noch stundenweise und auch das nur in seinem Stuhl sitzend.

Das Testament

Etwa vierzehn Tage vor seinem Tod hatte Nostradamus die engsten Freunde um sich versammelt, um seinen letzten Willen zu verfügen. In den Tagen danach ließ er alle »seinem Herzen nahe stehenden Menschen« noch einmal einzeln zu sich kommen, um ihnen letzte Ratschläge für ihr künftiges Leben zu geben. Er übergab kleine Erinnerungsgeschenke aus seinem persönlichsten Besitz und nahm Abschied. Der Notar Roche, ein guter Freund der Familie, war einbestellt worden, und ebenso die Freunde des Meisters, die als Testamentsvollstrecker und Vermögensverwalter eingesetzt werden sollten, denn Nostradamus hatte an seine Frau und seine sechs Kinder viel Geld und vor allem Schmuck zu verteilen. Seine Sprösslinge waren zwischen vierzehn und drei Jahre alt, also noch zu jung, um das Erbe anzutreten. Auch musste die Mitgift seiner Töchter in mehreren Raten ausgezahlt werden.

Interessant ist, dass sich Katharina von Medici auch nach seinem Tod persönlich um das Wohlergehen der Familie kümmerte. So sorgte sie in späteren Jahren dafür, dass seine Töchter mit jungen Landadligen verheiratet wurden. Die Spur der Familie des Nostradamus verlor sich aber dann in den folgenden einhundert Jahren.

Drei Tage vor seinem Tod rief der Vater noch einmal seine Frau und seine sechs Kinder zu sich. César, sein Ältester, erhielt von ihm persönlich das astronomische Besteck und seine Jahrestafeln aus Gold. Auch alle weiteren Kinder bekamen kleine Erinnerungsgaben. Es ist beschrieben, dass er anschließend bei Pater Vidal, dem Prior der Minderen Brüder (Franziskaner) in Salon, die Beichte abgelegt hat und die Sterbesakramente erhielt.

In der Nacht vom 1. auf den 2. Juli 1566 starb Nostradamus. Sein Sohn César fand ihn bei Sonnenaufgang tot in seinem Arbeitszimmer. Noch am gleichen Tage wurde Nostradamus in einer feierlichen Prozession ins Kloster der Minderen Brüder gebracht und dort in der alten, ehrwürdigen Klosterkirche, wo er sich schon zu Lebzeiten ein Grab gekauft hatte, beigesetzt.

Die letzten respektvollen Ehrungen erfuhr Nostradamus gut fünfzig Jahre nach seinem Tod. Zum fünfzigsten Jahrestag der Erstveröffentlichung der Centurien erschienen zwei Gesamtausgaben. Die eine war von seiner geheimen Bruderschaft herausgegeben worden und in Troyes gedruckt, die andere von seinem Enkel Vincent de Sève.

Eine Reihe von Veröffentlichungen, meist aus der Feder von Klerikern, verzerrte in den folgenden Jahrhunderten das Bild des Sehers. Ob dahinter das systematische Vorgehen einer Interessengruppe steckte, wird sich in den kommenden Jahrzehnten zeigen, denn Nostradamus kündigt eine Renaissance der Templer an. Eines fällt im Umgang mit dem Erbe des Nostradamus auf: Über Jahrhunderte waren die Franzosen äußerst interessiert daran, in den Besitz der Tafeln von Dendera zu kommen. Kaum war in Frankreich die Erste Republik etabliert, schickte das französische Parlament 1798 eine Expedition zur »Wiege der Zivilisation« nach Ägypten aus. Die Forschungsreisenden entdeckten neben der Stele von Rosette (der Ägyptologe Jean François Champollion konnte anhand dieser Steintafel aus der Zeit von 196 v. Chr. erstmals die Hieroglyphen entziffern) unter anderem auch den Tierkreis von Dendera, was in europäischen Wissenschaftszirkeln für großes Aufsehen sorgte.

Angeblich zum Schutz der Wissenschaftler wurden im Jahre 1799 rund 35 000 Elitesoldaten auf 200 Schiffen in Richtung Mittelmeer und Ägypten verfrachtet. Offenbar wollten die Franzosen Ägypten erobern, was wiederum die Briten auf den Plan rief. Die City of London rüstete einen Schiffskonvoi aus, der die Franzosen an ihrem Vorhaben hindern sollte und so kam es dann auch. Die Franzosen unterlagen in der

Seeschlacht bei Abukir gegen die britische Flotte keinem Geringeren als Admiral Nelson.

Frankreichs Versuch, die Wiege der Zivilisation, also Ägypten, zu erobern, war gescheitert. Napoleon ließ seine Truppen in Ägypten im Stich. Die Briten verlangten den bedingungslosen Abzug der Franzosen, d. h. die Besiegten mussten alle von den französischen Wissenschaftlern erarbeiteten schriftlichen Aufzeichnungen, altägyptische Dokumente und Fundstücke aller Art zurücklassen und sich aus der Region zurückziehen. Nun begann ein Kleinkrieg um die wissenschaftliche Ausbeute der Expedition, denn die französischen Forscher weigerten sich, dieser Forderung nachzukommen. Schließlich einigte man sich darauf, dass die Franzosen ihre schriftlichen Aufzeichnungen behalten durften, während alle Fundstücke aus Ausgrabungen usw. den Engländern zu übergeben waren.

Die Beharrlichkeit, mit der man mit den siegreichen Briten um die Kunstschätze in Ägypten rang, deutet auf die im Hintergrund agierenden französischen Templer in Paris hin, die sich gegen ihre Brüder in London durchsetzen wollten. Die Franzosen wussten offenbar vom Geheimnis ihres einstigen Großmeisters Nostradamus und wollten unbedingt das Original des Zodiaks von Dendera besitzen. Und erstaunlicherweise gelang es ihnen tatsächlich, das Original nach Paris zu schaffen. Möglicherweise hatte man einen geheimen Kompromiss mit den britischen Templern ausgehandelt. Heute kann man die Steinplatte im Louvre sehen. In Dendera befindet sich lediglich eine Kopie.

Die »himmlischen Zeiten« für Astrologen haben eigentlich erst im Computerzeitalter begonnen, seitdem man nur noch das Geburtsdatum eingeben muss, um schließlich in Sekundenschnelle die Berechnung des Horoskops bis in die letzten Feinheiten hinein angezeigt oder ausgedruckt zu bekommen.

Früher war das anders. Um an Daten zu gelangen, d. h. die Position der Planeten zu kennen, musste man sich schon die Nacht um die Ohren schlagen. Der Astrologe war darauf angewiesen, den Nachthimmel über seinem Wohnort zu beobachten und die Position der beweglichen Planeten Tag für Tag festzuhalten. Um Vorhersagen zu erarbeiten, musste er nicht nur die aktuellen Gestirnsstände kennen, sondern auch deren künftige Positionen. Also benötigte er zusätzlich Tabellen, Tafeln oder Uhrwerke, um eine Prognose abgeben zu können. Der Besitz dieser Instrumente wurde meist geheim gehalten. Die Abbildung auf Seite 68 zeigt ein Astrolabium aus dem 11. Jahrhundert; zum Vergleich siehe die Darstellung eines solchen Instruments aus der arabischen Astrologie und schließlich den Holzschnitt, mit dem Nostradamus seine Erstausgabe von 1555 ausschmücken ließ (Seite 53). Auch dieses Bild ist ein Hinweis auf die Art und Weise, wie Nostradamus seine Prophezeiungen für 2242 Jahre erarbeitet hat.

Auf diesem Holzschnitt sind seine wichtigsten Arbeitsmittel zu sehen. So steht auf dem Tisch ein Astrolabium, mit dem er die künftigen astronomischen Situationen am Sternenhimmel ablesen konnte. Im Fenster (im Bild rechts oben) sieht man die Gestirne, die er für seine Vorhersagen heranzog. Es sind dies Sonne und Mond und darunter fünf Planeten: Venus, Merkur, Mars, Jupiter und Saturn.

Nostradamus betrachtet das Astrolabium. Auf seinem Arbeitstisch liegt ein aufgeschlagenes Buch. Man könnte meinen, dass zuerst die Texte für die Prophezeiungen da gewesen seien und erst dann ihre zeitliche Zuordnung vorgenommen wurde.

Man könnte es auch anders sehen: Nostradamus hat das Original der Johannes-Offenbarungen vor sich liegen. Ereignis für Ereignis geht er nun die Visionen des Johannes durch, beschreibt sie mit seinen Worten, ergänzt sie und legt mittels seiner Instrumente den Zeitpunkt fest, an dem sie eintreten werden.

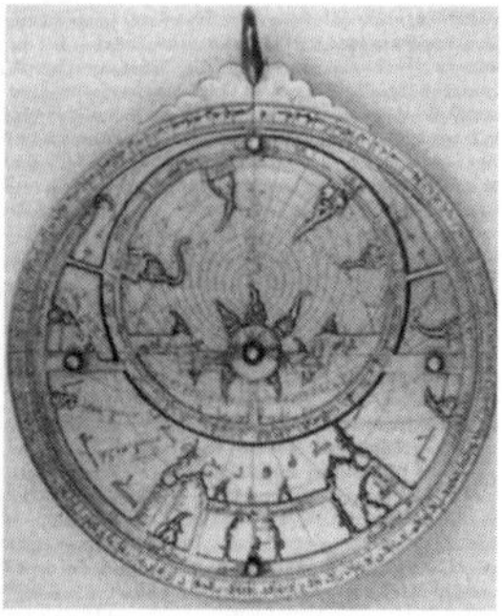

Astrolabien (links: Toledo 1065, rechts: arabischer Astrologe).

Das Astrolabium war das handliche Hauptinstrument der arabischen Astronomen, mit dessen Hilfe man auch die Positionen der Planeten am Himmel bestimmen konnte. Über die Jahrhunderte wurde dieses ursprünglich aus vorislamischer Zeit stammende Instrument ständig verbessert und um die Möglichkeit ergänzt, auch künftige Planetenkonstellationen einzustellen. Kundige sind der Meinung, dass die technische Perfektionierung der Astrolabien im 11. Jahrhundert abgeschlossen war.

In diesem Buch verfahren wir genauso wie Nostradamus im 16. Jahrhundert. Die Funktion des astronomischen Instruments übernimmt der Computer bzw. ein entsprechendes Programm, das die Planetenpositionen berechnet.

Alles deutet darauf hin, dass Nostradamus wahrscheinlich von seiner heimlichen Reise in den Orient ein besonderes, tragbares Astrolabium mitgebracht hat. Dieses Modell verfügte offenbar über verschiebbare Einlegscheiben. Damit unterschied es sich von den in Europa bekannten Instrumenten, weil es die Sonne in den Mittelpunkt stellte, um die sich die Erde drehte.

Nostradamus lebte in einer Zeit, in der das geozentrische Weltbild der letzten 1500 Jahre durch das heliozentrische, in dem die Sonne der Mittelpunkt des Universums ist, ersetzt wurde. Der polnische Astronom Nikolaus Kopernikus, der von 1473 bis 1543 lebte, hatte die Theorie vom heliozentrischen Weltsystem aufgestellt. Er hatte hierbei zwei Zyklen erkannt: Die Erde dreht sich jeden Tag einmal um sich selbst, und sie braucht ein Jahr für ihren Umlauf um die Sonne.

Dieses neue Weltbild wurde anfangs jedoch heftig bekämpft, und beileibe nicht alle Astronomen und Astrologen erkannten es sofort an. Nostradamus scheint einer der Sternenkundigen gewesen zu sein, die sich die revolutionären Erkenntnisse des Kopernikus zu Eigen gemacht haben. Vielleicht war das einer der Gründe, warum er seine europäischen Astrologen-Kollegen tadelte und sie Dummköpfe nannte (siehe Seite 13).

Das kostbare Astrolabium vermachte Michel de Notredame seinem ältesten Sohn César. In Nostradamus' Testament ist jedes Detail, das er für wichtig erachtete, festgehalten. Offenbar ist angesichts des umfangreichen Erbes vielen Autoren die Bedeutung des Hinweises entgangen, dass Nostradamus seinem Sohn César seine »goldene Sternentafel« als persönliches Geschenk vermacht hat.

Möglicherweise hängt das damit zusammen, dass man den Begriff »Sternentafel« falsch interpretiert hat. Man hielt die

Tafeln für Ephemeriden, also für Tabellen des täglichen Standes der Gestirne. Die modernen Ephemeriden, wie sie heute in Buchform verkauft werden, haben ein Volumen von 5 Zentimetern pro Jahrhundert. Nostradamus hat Prophezeiungen für 2242 Jahre hinterlassen. Demnach hätten die goldenen Sternentafeln eine Dicke von 112 Zentimetern haben müssen. Dies ist kaum vorstellbar.

Auch ihre Beschreibung als »goldene« Tafeln deutet darauf hin, dass es sich nicht um ein Buch, sondern um ein Instrument gehandelt haben muss. Es ist zu vermuten, dass das Astrolabium eine Kopie der Tafel des Zodiaks aus dem Tempel von Dendera gewesen ist – allerdings ohne die altägyptischen Götter- und Tierkreissymbole. Missgünstige Zeitgenossen hätten sich sonst gefragt, wie ein braver Christ an solch ägyptisches Teufelswerk herankommen konnte. Vorsicht war also geboten. So ahnte auch niemand in seiner Umgebung, warum es für ihn so wichtig war, die Weitergabe dieser Sternentafeln an seinen Sohn zu dokumentieren. Nostradamus verschloss das Geheimnis, wie er selbst niederschrieb, »in seinem Innern«.

Über den weiteren Verbleib der goldenen Sternentafeln ist nicht bekannt. César hat sie offenbar nicht weitergegeben. Die Gründe dafür sind nicht bekannt. Er blieb kinderlos, und die Spuren der Kinder seiner jüngsten Schwester Diane, die offensichtlich die gebündelten Pergamentbögen mit den Originalniederschriften der Sehertexte übernommen hatte, verlieren sich im 17. Jahrhundert. Die Ansicht, dass es sich bei den Tafeln um Ephemeriden handelte, hat jede weitergehende Forschung verhindert. Doch Michel hat seinem Sohn César ganz offenkundig eine Tafel übergeben, die in etwa der von Dendera entsprach und in der Symbole als Deutungshilfe eingraviert waren. Was in Ägypten die Göttin Isis war, konnte im europäischen Mittelalter als Venus bezeichnet werden. Was in Ägypten als Ra verehrt wurde, durfte man im hier im Mittelalter als Sonne bezeichnen, ohne als ketzerisch zu gelten.

Eine kurze Geschichte der Astrologie

Die Anfänge in grauer Vorzeit

Um die Sternentafel und den Astro-Code des Nostradamus besser zu verstehen, sollten wir in einem kurzen Rückblick versuchen, die Astronomie und Astrologie unserer Vorvordern zu verstehen.

Keilschriftdokumente in Stein und andere Überlieferungen zeigen, dass die frühen Hochkulturen wie die der Ägypter, Sumerer, Babylonier, Inder und Chinesen bereits Mond- und Sonnenfinsternisse sowie die Planetenbewegungen vorausberechnen konnten. Dieses Wissen war die spirituelle Grundlage der Macht der Herrschenden und der Priesterschaft.

In erster Linie jedoch dienten die über Generationen aufgezeichneten systematischen Himmelsbeobachtungen der Erstellung eines Kalenders durch den Hohen Priester oder Herrscher, um den geeigneten Zeitpunkt für Aussaat und Ernte zu bestimmen. Hierbei ging es um Wiederholungen der Erscheinungen des Sonnenjahres (wie wir heute wissen, beträgt dieses exakt 365,25 Tage) und des davon stark abweichenden Mondjahres (354,4 Tage). Die Kunst der Kundigen bestand darin, das Sonnen- und Mondjahr miteinander abzugleichen. Später dienten diese Kalender auch zur Voraussage von Ereignissen, die der König berücksichtigen musste, um seine Einflusssphäre zu vergrößern und nicht an Macht und Einfluss zu verlieren.

Astrologie in Mesopotamien

Irgendwann zwischen 8000 und 6000 vor dem Beginn der christlichen Zeitrechnung kamen der Legende nach Völker unbekannten Ursprungs über das Meer und siedelten in der Gegend von Euphrat und Tigris. Die ersten Tabellen und Konstellationskarten von den Mondphasen entstanden, die nun von anderen Völkern ganz oder teilweise übernommen und durch weitere Beobachtungen von Himmelskörpern ergänzt wurden. Der älteste Nachweis astrologischer Kenntnisse im Zweistromland stammt aus dem Jahr 2259 v. Chr.: Auf einem Lehmtäfelchen findet sich in akkadischer Keilschrift der Hinweis, dass der Tod des Königs Naram-Sîn durch eine Mondfinsternis angekündigt worden war.

Interessant für uns ist, dass der Astro-Code des Nostradamus sich ebenfalls auf astronomische Phänomene stützt, die in Verbindung mit dem Mond stehen. Basis seiner Vorhersagen sind:

- der Sternenhimmel zum Zeitpunkt des Vollmonds,
- der Sternenhimmel zum Zeitpunkt des Neumonds,
- der Sternenhimmel zum Zeitpunkt der Mondfinsternis.

Diesen sichtbaren Phänomenen am Nachthimmel wurde nun eine der achtzehn verschiedenen Konstellationen von Sonne zu Jupiter und Venus zu Mars und Saturn, dem einsamen und langsamen Wanderer am Himmel, zugeordnet.

Erste Instrumente

Die Sumerer benutzten in der praktischen Astronomie ein Quadrat, um den Lauf der Sterne zu verfolgen und zu bestimmen. Dieses Viereck finden wir später bei den Babyloniern und den Ägyptern wieder. Selbst in Stonehenge (England) findet sich diese Figur, die von den Archäologen als das »goldene Quadrat« bezeichnet wird. Das bekannte megalithische Bauwerk hatte vermutlich eine astronomische Bestimmung. Mit diesem Astronomiequadrat könnten alle wichtigen Daten im Jahr bestimmt werden. Es ist rautenförmig, und man erkennt drei Flächen für die Höhen der Neigungswinkel.

Ein Viereck allein war jedoch ohne einen Fixpunkt im scheinbaren Chaos am Himmel wertlos. So richtete man das Viereck am jeweiligen Mond- und Sonnenaufgang aus. Auf diese Weise waren zwei der vier Ecken des Quadrats an der Erde ausgerichtet, die beiden anderen ergaben sich aus dieser Fixierung. Man konnte nun die Bewegung des Sterns über die Ecken dieses Quadrats registrieren und aus der Position der anderen Sterne zusätzliche Anhaltspunkte ablesen. Später wurden aus diesen Ecken die so genannten »vier Ecken der Welt« oder die vier Winde, die aus diesen Ecken bliesen. Wobei der Begriff »Wind« für Kraft, Energie und Gewalt benutzt wurde.

Aus den Standorten der Planeten zum Zeitpunkt des Neumonds, Vollmonds oder später auch des zunehmenden bzw. abnehmenden Viertelmonds versuchte man den Willen der Götter zu ergründen, die ihre »Winde« auf die Erde schickten. Der Reigen der Planeten am Himmel spiegelte das Verhältnis der Götter untereinander wider. Streit und Freundschaft, so die damalige Ansicht, wiederholten sich anschließend auf der Erde. Kam es gar zu einer Sonnen- oder Mondfinsternis, was man als den Kampf zweier Götter und die Vertilgung des Unterlegenen ansah, dann war Krieg unter den Himmlischen und somit auch auf der Erde angezeigt.

Wir wissen heute nicht, ob zuerst der Gedanke, dass Sterne auf irdische Ereignisse Einfluss nehmen können da war, oder ob schlicht die genaue Beobachtung zu dieser Erkenntnis führte. Vielleicht ergab sich diese Idee aus der Auswertung von astronomischen Aufzeichnungen, wonach auffällige Himmelserscheinungen auf der Erde entsprechende Ereignisse auslösten.

Die Sumerer glaubten, dass die Götter ihnen mittels der Stellungen der Gestirne Zeichen geben wollten. Sie setzten die Sterne mit Göttern gleich, die in einer Gemeinschaft lebten. Gab es Streit unter den Familienmitgliedern im Himmel, wirkte sich dies zwangsläufig auf das irdische Miteinander aus. So ordnete man die Winkelabstände 45, 90 und 180 Grad Spannungen unterschiedlicher Intensität im Götterhaus zu. Winkelabstände von 30, 60 und 120 Grad indizierten Heiterkeit im himmlischen Palast.

Traten nun Zusammenkünfte von Planeten an bestimmten Orten (= Konjunktionen) auf, so wurde dies als Omen gesehen. Als viel schlimmer aber galt es, wenn diese göttlichen Zusammentreffen nicht stattfanden. Es ist überliefert, dass ein solches Fernbleiben der Planetengötter an einem bestimmten Ort damals als eine Katastrophe für das Volk angesehen wurde.

Gute Omen gab es genügend, nur es waren eben die schlechten Omen, die Herrscher und Volk nervös machten. Die Priesterschaft bemühte sich, den König durch Vorhersehung zu schützen. Solche ungünstigen Omen konnten mit Hilfe von Ritualen abgewendet werden; ein derartiges Ritual sah zum Beispiel so aus:

Wenn die Sterne voraussagten, dass dem König etwas zustoßen würde, setzte man einen Kriegsgefangenen als »Ersatzkönig« ein und versuchte das Unheil auf diesen zu lenken. War die Unglücksperiode vorüber, wurde dieser Gefangene geopfert, sprich hingerichtet. Ein solches Ritual findet sich heute noch rudimentär in der Schlachtung von Schafen zu Beginn oder Abschluss einer religiösen Zeremonie.

Babylonische Mondastrologie

Ein Priester mit Stab und die drei Gestirne Mond-Sonne-Venus.

Nostradamus stützte sich maßgeblich auf die jüdische Tradition, und die wiederum war mit dem astrologischen Wissen aus Babylon und somit mit den Mondzyklen verbunden. Genau genommen findet sich bei ihm eine Verknüpfung aus dem babylonischen (Mondkult) und dem ägyptischen (Sonnenkult) Wissen über Astronomie und Astrologie.

In Babylon gab es drei Häupter des Himmels: den Mond, die Sonne und die Venus. Die Hierarchie, d. h. die Reihenfolge der Aufzählung stammt übrigens aus einer Sage. Zuerst wird dort der Mondgott genannt:

Sîn,
der den Lebenslauf des Menschen bestimmt.

Der Mond spielt in der babylonischen und somit jüdischen Astrologie für die Betrachtung des Menschenschicksals die Hauptrolle. Man erstellte ein Geburtshoroskop und sagte anschließend das Schicksal von Neumond zu Neumond vorher.

Hier ist auch eine Verbindung zum islamischen Ritus zu erkennen. Der Fastenmonat der Muslime währt einen Mondzyklus, d. h. von Neumond zu Neumond. Man vermutet, dass in dem veränderlichen Fastenmonat auch eine tiefere astrologische Bedeutung gesehen werden muss. Vor Beginn eines neuen astrologischen Jahres für den Islam müssen sich die Gläubigen reinigen. Man legt die Fastenperiode mit einem astrologischen Zyklus zusammen. Die astronomische Situation am Himmel zum Zeitpunkt des Neumonds nach der Fastenzeit gibt dann Auskunft für die Zeit bis zum Ende der nächsten Fastenperiode. Die Astrologen am Hof des Sultans mussten in ihren Betrachtungen dies an erster Stelle berücksichtigen.

In der Sage wird dann der Sohn des Mondes, der Sonnengott, genannt:

Shamash,
der Gebieter über Leben und Gerechtigkeit, also alle Angelegenheiten, die mit dem Staat, seinen Gesetzen sowie Leben und Tod in diesem Staat zu tun haben.

Es gibt zwei Sonnenzyklen. Der eine währt von einem Geburtstag zum anderen und entspricht dem Solar in der Astrologie. Der andere, der für die Tagesdeutung gilt, dauert von Sonnenuntergang zu Sonnenuntergang.

Schließlich folgt die Venus, genannt:

Nindaranna,
die als zusätzlicher Taktgeber für die Bewertung zur Verfügung steht.

Ein Beispiel für die so zu bewertenden Ereignisse am Himmel ist die Verdunklung von Mond oder Sonne. Hierzu heißt es in einem Orakelspruch aus der Bibliothek Assurbanipal (668–626 v. Chr.):

> »Findet etwa am fünfzehnten Tage des Monats (also bei Vollmond) eine Finsternis statt, so wird der Sohn des Königs seinen Vater töten und den Thron besteigen. Oder der Feind wird aufstehen und das Land fressen. Findet die Finsternis am 20. Tage statt (also bei abnehmendem, d. h. Dreiviertelmond), so werden Regen am Himmel und Hochwasser in den Quellspalten gehemmt werden.«

Die Priester in Mesopotamien achteten auf alle Zeichen am Himmel und bewerteten sie vor dem Hintergrund ihrer Erfahrungen. Diese resultierten aus dem Studium der Aufzeichnungen, die Generationen von Priestern angefertigt hatten, um den Himmel zu durchschauen. Sie hatten wiederkehrende Situationen am Himmel notiert und die »Folgen« dieser Erscheinungen beobachtet und ausgewertet. Aus diesen Beobachtungen leiteten sie Rituale ab, um die Folgen negativer Omen abzuwenden.

Sonnen- und Mondfinsternisse sind und waren auffallende Ereignisse am Himmel, wobei die Sonnenfinsternis sicher emotional als bedrohlicher empfunden wird. Stellen Sie sich vor, Sie befänden sich als Heerführer mit Ross und Reiter auf einem Kriegszug, und plötzlich veränderte sich das Tageslicht; womöglich würde es für einen Augenblick sogar Nacht. Die tatsächliche Ursache für die Sonnenfinsternis wäre weder Ihnen noch Ihrem Tross bekannt. Sie würden es sicherlich als Warnung des Himmels vor diesem Kriegszug werten.

Für jeden weltlichen Herrscher war es von großer Bedeutung, solche Himmelsereignisse möglichst schon im Voraus zu kennen, um dann in einer Zeremonie das Omen geschickt für die eigenen politischen Interessen auszunutzen. Man stelle sich eine Situation vor, in der ein König in Kenntnis einer bevorstehenden Sonnenfinsternis auf die Spitze eines Tempels steigt, um während der Verdunklung mit dem Drachen zu kämpfen, der die Sonnen fressen will. Das Volk würde begeistert jubeln, wenn der Drache die Sonne wieder freigäbe, weil der unerschütterliche Herrscher in diesem Kampf gesiegt hat.

Die Staatsastrologie der Ägypter

Am Anfang war die Politik. Ganz gleich, ob in Babylon oder Ägypten, der Regent musste im Interesse der Machterhaltung wissen, wann mit den nächsten auffälligen Himmelserscheinungen zu rechnen war. Es gab weder Zeitungen noch Rundfunk oder Fernsehen, wodurch er eine Erklärung bei unerwarteten Ereignissen am Himmel abgeben konnte. Vorgeschriebene Rituale der Priesterschaft waren die einzige Möglichkeit, das Volk bei ungewöhnlichen Himmelserscheinungen zu beruhigen.

Im Mittelpunkt der Beobachtungen standen somit nicht die Einzelereignisse, sondern die Erscheinungen, die sich regelmäßig wiederholten, d. h. bei denen selbst in scheinbaren Unregelmäßigkeiten noch Regeln zu erkennen waren. Es waren Generationen von Beobachtern nötig, bis man schließlich die Phänomene von Sonne und Mond am Himmel durchschaut hatte.

Nun kam es aber darauf an, dass der Hohe Priester seinem Herrscher auf dessen Fragen auch präzise antworten konnte. Die erste Frage eines Pharao dürfte gewesen sein: Was bedeutet die Himmelserscheinung für mich und mein Reich? Die

Priesterschaft und die Untertanen wiederum fragten sich: Was bedeutet es für uns, wenn er nicht mehr regiert? Bedeutet es für uns dann den Tod im Kampf oder den Tod während einer Plünderung? Bedeutet es den Verlust unserer Pfründe oder Hunger und Sklaverei?

Es war also nicht nur der Herrscher, der an den astronomischen Daten interessiert war, sondern sein ganzes Reich, auch wenn nur einige wenige Zugang zu ihnen hatten. Herrscher und Volk sahen es als überlebensnotwendig an, dass die Beobachter der Erscheinungen am Himmel alle Phänomene vorausberechnen konnten. Die Priesterschaft dürfte daher ein vitales Interesse daran gehabt haben, die Unterlagen über die Bewegungen der Sonne, des Mondes und der Planeten am Himmel oder über Ortschaften (Zenit) auf der Erde sicher zu verwahren. Das Wissen um die Inhalte der Tafeln mit den Tabellen war ein kostbarer Schatz.

Den Schatz des Sternenwissens heute nutzen

Die Gesetzmäßigkeiten, die ein Pharao für sich nutzen konnte, sind uns auch heute bekannt. Wer die Astrologie als eine Informationsquelle ansieht, die Auskünfte darüber gibt, was bei gleicher Situation vor Jahr und Tag, Jahrhundert oder gar Jahrtausend geschehen ist, der hat verstanden. Die Kunst des Wissens um Wiederholungen in der Astrologie hat mit »Schicksal machen«, wie es heutzutage landläufig angesehen wird, nichts zu tun. Wer also ernstlich meint, dass zum Beispiel die Venus einen Menschen liebestoll macht, der irrt sich. Wer meint, dass der Mars aus zig Millionen Kilometern Entfernung so auf das Gehirn eines Erdenmenschen einwirkt, dass er jähzornig wird, der irrt ebenfalls.

Vielmehr ist es so, dass ein bestimmtes Zueinander, Miteinander oder Gegeneinander der Materiebrocken, die wir Planeten nennen, in unserem Sonnensystem eine jeweils typische Frequenzsuppe erzeugt. In diesem Teich der Schwingungen »badet« ein Mensch mit einem beispielsweise für den Mars typischen Schwingungsbild. Er ist durch dieses Schwingungsmuster geprägt, weil es zum Zeitpunkt seiner Geburt ähnlich gewesen ist. Mit anderen Worten ausgedrückt, er ist für dieses Schwingungsmuster besonders sensibel. Nun wiederholt sich dieses Schwingungsmuster irgendwann wieder und verstärkt sein eigenes Grundschwingungsprofil. Durch Beobachtungen unserer Vorvorderen wissen wir, was die Verstärkung eines Schwingungsgrundmusters zu bedeuten hat.

Nostradamus hat diese Zyklen, die für Tage, Monate, Jahre, Jahrhunderte und sogar Jahrtausende gelten, gekannt. Dabei spielt es keine Rolle, ob er von seinem Großvater eingewiesen oder zumindest vorinformiert worden war oder ob er erst in Alexandrien bzw. direkt in Dendera von den Geheimnissen der Pharaonen erfahren hatte. Anfang des 20. Jahrhunderts haben Nostradamusforscher in ihren Veröffentlichungen nachgewiesen, dass Nostradamus die Zyklen kannte und sie in seine Prophetie einbezogen hat (siehe Christian Wöllner: *Das Mysterium des Nostradamus*, Dresden 1926).

In den altägyptischen Schriften finden sich Beschreibungen dieser Zyklen. So findet sich zum Beispiel diejenige eines Zyklus, der »Das Wissen des Menschen um sein Tun« betrifft. Der Text gibt Auskunft darüber, »wie der Mensch seine Körperfunktionen in intelligentes Empfinden umsetzen kann«. Kurz: *Es gibt astrologische Zyklen, die die Gesundheit des Menschen betreffen.*

In diesen Schriften wird der Mensch auch in Verbindung zu seiner Umgebung astrologisch beurteilt, »von der Erde, auf der er lebt« angefangen über Fragen zu Liebe, Beruf und sein Verhältnis zur Obrigkeit. Hinzu kommen alle Situationen, in denen der Mensch über oder unter anderen Menschen steht, d. h. wo menschliche Hierarchien betroffen sind. Kurz: *Dies sind Zyklen, die den Menschen in seinen Eigenarten betreffen.*

Ferner ist von einem Zyklus die Rede, der den Stand der Seelenreife des individuellen Menschen bemisst, d. h. ob er noch stark materiellen Dingen verhaftet ist oder schon losgelöst von jeglichem Besitz in mystischen Sphären schwebt. Kurz: *Diese Zyklen betreffen die Summe der Erfahrungen durch die Wanderungen in der Materie.*

Die ägyptischen Stufenpyramiden

Unweit des altägyptischen Regierungszentrums Memphis befindet sich ein weltberühmter Tempelkomplex, in dessen Mitte eine Stufenpyramide steht. Das Bauwerk wurde um 2700 v. Chr. errichtet und soll das Grab des Pharao Djoser beschützen.

Die Stufenpyramide von Sakkara gilt als das älteste Bauwerk in dieser Region. Optisch perfekter, höher und größer an Volumen entstanden später dann die Pyramiden von Gizeh. In der Literatur findet man den Hinweis, dass auf den Spitzen der Pyramiden die Priester astronomische Beobachtungen vornahmen und die Position der Wandelsterne bestimmten. Dies war nichts Ungewöhnliches. Auch die Zikkurate in Mesopotamien, ebenfalls hohe Bauwerke, wurden für astronomische Himmelsbeobachtungen genutzt.

Stufenpyramide des Djoser in Sakkara als Modell für die Umlaufbahnen der Sonne, des Mondes und der fünf Planeten.

Was aber, wenn diese Stufenpyramide von Sakkara auch ein astronomisch-astrologisches Zeigeinstrument gewesen ist? Was, wenn jede Stufe der Pyramide eine Sphäre oder Umlaufbahn eines der Wandelsterne Mond, Merkur, Venus, Mars, Jupiter, Saturn und Sonne darstellt? Es ist im Augenblick noch eine Hypothese, aber es gibt Indizien, die sie belegen, vor allem wenn man den Zodiak von Dendera analysiert.

Die einzelnen Stufen der Pyramide könnten durchaus als Äquivalent zu den Umlaufebenen der Planeten gesehen werden. Auf je einer Stufe der Pyramiden könnten im unteren Bereich die so genannten »Schnellläufer«, beginnend mit Mond, Sonne und Venus, gestellt und, falls erforderlich, gar stündlich fortbewegt werden. Meist aber reichte eine tägliche Korrektur aus. Im oberen Bereich der Stufenpyramide bewegte man die »Langsamläufer« Mars, Jupiter und Saturn, also Himmelskörper, die sich meist nur wöchentlich oder gar monatlich weiter bewegten.

Man kann sich gut vorstellen, wie die Priester große Götterfiguren als Symbole für die Gestirne je nach ihrem aktuellen Standort am Himmel auf diesen Stufen hin und her schoben, sodass jeder Besucher der Anlage die Situation im Hause der Himmelsgötter, d. h. den Willen des Himmels, schon von Weitem erkennen konnte. Jede Position der Figuren hatte dabei eine bestimmte Bedeutung.

Besonders auffällige Standorte waren die vier natürlichen Ecken der Pyramide. Noch heute deuten die Astrologen diese vier Ecken bei ihren Gutachten. Befanden sich mehrere Planetengötter in einer Eckposition, dann waren in dieser Zeit viele Veränderungen zu erwarten.

Interessanterweise findet man solche Stufenbauwerke auch außerhalb Ägyptens, so zum Beispiel in Persien (siehe Abbildung unten). Die nächsten Jahrzehnte werden zeigen,

Die Stufen als Ebenen für die Planeten am Himmel – war dies die persische Version?

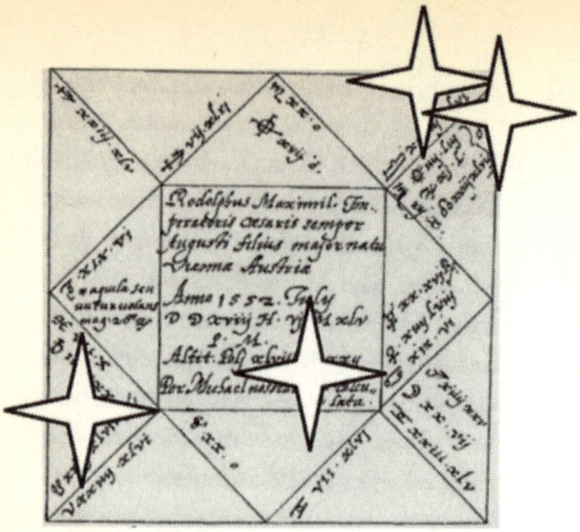

Die Stufenpyramiden als Vorlage für viereckige Horoskope, wie sie bis in die Renaissance hinein üblich waren.

ob es funktionale Parallelen zwischen diesen Bauwerken gibt.

Auf den Planetenebenen, besser gesagt: den Stufen der Pyramide, waren zusätzlich die Positionen der auffälligsten Fixsterne markiert, sodass man weitere Anhaltspunkte hatte, um die Lage täglich zu begutachten. Die vier Seiten der Pyramide wurden später nochmals in drei weitere Abschnitte unterteilt. So kam man zu insgesamt zwölf Abschnitten. Diese zwölf Tierkreiszeichen sind bis heute gültig.

Die Weltachsen im Zodiak von Dendera

Die alten Ägypter hatten offenbar eine Verbindung zwischen dem himmlischen und dem irdischen Geschehen erkannt. Durch vertiefende Beobachtungen stellten sie fest, dass immer dann, wenn einer der Planeten bei 33 Grad innerhalb des 360-Grad-Tierkreises stand, sich etwas Ungewöhnliches im Land ereignete. 33 Grad entspricht 3 Grad Stier im Tierkreis. Diese Beobachtungen und die Formulierung der daraus resultierenden Gesetzmäßigkeit dauerten Tausende von Jahren.

Eine weitere Auffälligkeit zeigte sich den Astrologen offenbar 180 Grad weiter, also bei 213 Grad oder, wie die »Profis« sagen, bei 3 Grad Skorpion im Tierkreis. Wie man im Zodiak von Dendera gut erkennt, legten die ägyptischen Priester-

Die Sumerer kannten das Geheimnis der Weltachse bei 3 Grad Stier, hier dargestellt durch einen Mann, der auf einem Stier reitet.

astronomen fest, dass sich bei 3 Grad Stier der Thron der Isis befand. Heute bezeichnen Profiastrologen die Position 3 Grad Stier zu 3 Grad Skorpion als »Weltachse«.

Wenn also Planetenfiguren auf ihrer Stufe der Sakkara-Pyramide über die Position ziehen mussten, die 3 Grad Stier entspricht, dann galten sie durch die unmittelbare Nähe zum Thron der Isis als besonders ausgezeichnet. Ereignisse, die dann stattfanden, waren von positiver Natur. Befanden sie sich hingegen auf der anderen Seite der Pyramide, also bei 3 Grad Skorpion, dann entsprach dies der größtmöglichen Distanz zum Isis-Thron und bedeutete nichts Gutes. Sie sprachen dann davon, dass sie »gefallen« waren und deuteten dies als ein Ereignis, das negative Folgen für das Land haben würde.

Werfen Sie bitte einen Blick auf den Zodiak von Dendera (Seite 98). Man erkennt dort vier »Göttinnen« im äußeren Bereich. Zwei davon befinden sich in der eben geschilderten Position. Aber es gibt noch zwei weitere Punkte im Ring, an denen die ägyptischen Astrologen ungewöhnliche Vorkommnisse registrierten. Auch hier sind im Zodiak von Dendera zwei Göttinnen abgebildet.

Halten wir fest, dass im Zodiak von Dendera zwei Achsen durch Göttinnen dargestellt werden, die ihre Arme ausbreiten (siehe Seite 98). Für die Priester von Dendera wurde die Deutung des Kommenden durch diese Figuren erleichtert. Gleichzeitig war für sie auf einen Blick zu erkennen, ob Planeten, die am aktuellen Tag auf verschiedenen Achsen standen, sich gegenseitig förderten (positive Deutung) oder sich gegenseitig behinderten oder gar bekämpften. Sehen Sie bitte genau hin. Einmal blicken die Göttinnen einander an, also »mögen sich die Planeten«, wenn sie hier stehen. In einer anderen Stellung drehen sie sich den Rücken zu, also »mögen sie sich nicht«.

Auch Nostradamus zog diese Achsen zu Deutungszwecken heran, wenn er mit dem Astrolabium arbeitete. Durch eine Messung in der Nacht hatte er die aktuellen Gestirnsstände festgehalten und markiert. Es fehlten jedoch Deutungshilfen wie die gerade beschriebenen Achsenpunkte im Ring des Zodiak von Dendera. Diese wurden in Form einer zusätzlichen Scheibe in das Astrolabium eingelegt und auf die Achse 3 Grad Stier justiert. Alle anderen Hilfslinien zeigten für ihn nun auf weitere Punkte im Tierkreisring. Er musste nur noch ablesen, an welchen dieser Punkte sich ein Planet befand, und konnte so das Bild des himmlischen Sternentheaters ablesen und deuten.

Eine andere wichtige Rolle in der ägyptischen Astrologie spielte die Osiris-Achse (man justiert in diesem Fall den Ring bei 19 Grad Widder zu 19 Grad Waage). Auch hier gilt, dass die Priester durch Jahrhunderte währende systematische Beobachtung des Himmels diesen Punkt als »Ereignisse auslösend« erkannt hatten: Immer dann, wenn Planeten diese »Kante der Pyramide«, also diese Achse überschritten, verzeichneten die Priester Geschehnisse mit weitreichenden Folgen für die Völker der bekannten Welt. Wollte man eine umsichtige Staatsastrologie betreiben, musste man als Hohe Priester des Pharao zusätzlich alle anderen Sternensituationen berücksichtigen, so zum Beispiel das Verhältnis von Sonne, Mond und Venus zueinander zum Zeitpunkt eines Neumonds oder einer Finsternis. Daraus entwickelte sich dann in den folgenden Jahrtausenden die heutige Astrologie.

Die griechische Astrologie

Das Wissen der ägyptischen Astrologen, ergänzt durch babylonische Elemente, dürfte erstmals über die Griechen zu uns nach Westeuropa gelangt sein. Etwa um 1000 v. Chr. holten sich die durch den Luxus ihres Lebens verweichlichten Ägypter die ersten griechischen Söldner ins Land. Es hatte sich in den Nachbarländern Ägyptens herumgesprochen, dass es dort am Nil viel Gold zu rauben gab. So musste das Land sich vor den Angriffen der umliegenden Völker schützen. Den griechischen Kämpfern folgten die ersten griechischen Gastwirte und schließlich die ersten Studenten, von denen Pythagoras einer der bekanntesten gewesen ist.

Jahrhunderte später übernahmen die Griechen dann die Herrschaft in Ägypten und damit auch das gesamte Wissen dieses Landes. Mit Alexander dem Großen geriet Ägypten völlig unter ihre Herrschaft. Die Ptolemäer (so nannten die Ägypter die Griechen) waren von der Astrologie der Ägypter fasziniert und restaurierten bzw. errichteten entlang des Nils neue Tempel, wie Abydos oder Dendera. Der Hathor-Tempel von Dendera, der seine jetzige Form wie schon gesagt um 100 v. Chr. bekam, ist bis heute gut erhalten.

Die Griechen waren von jeher große Anhänger jeglicher Prophetie. Das brachte die Humanisten im Zeitalter der Aufklärung in arge Erklärungsnot. Sie verehrten die Philosophen und Staatenlenker des antiken Griechenlands, mussten aber verschweigen, dass die griechischen Herrscher und Politiker bei ihren Entscheidungen meist auch die Prophetie heranzogen.

Wer sich intensiv mit dem Niedergang der Priesterschaften im alten Ägypten beschäftigt, stellt fest, dass man in der Endzeit der Priesterkaste auf die enge Verknüpfung der Ägypter mit den dynamischen Griechen gesetzt hatte. Und tatsächlich, das Wissen der alten Ägypter verband sich mit der rohen Tatkraft der Griechen, die anfänglich als Söldner ins Land geholt worden waren, zu einem neuen Weg für Europa.

Jahrhunderte vor Aristoteles hatte bereits Pythagoras insgesamt 22 Jahre bei der Priesterschaft von Heliopolis verbracht und das Interesse seiner Anhänger am Nilland geweckt. Als er nach Italien verbannt wurde, nahm er sein Wissen über Ägypten dorthin mit. Just zu der Zeit, als die Etrusker dort ihre kulturelle Blüte erlebten …

Die Gepflogenheiten ändern sich

Die etruskische Astrologie hatte eine andere Struktur. Die Etrusker teilten den Himmelskreis – den wir heute »Tierkreis« nennen – in sechzehn statt in zwölf Abschnitte ein. Dies deutet auf mesopotamische Einflüsse hin. Dort arbeitete man ebenfalls mit sechzehn Abschnitten, ehe man sich für den zwölfteiligen Tierkreis entschied. Nach unserem heutigen Verständnis von Astrologie besteht der Tierkreis aus zwölf Abschnitten, d. h. Tierkreiszeichen, denen jeweils 30 Grad innerhalb eines Kreises von 360 Grad zugeordnet sind. Bei

Nostradamus ist es hingegen keinesfalls klar, ob der Seher den Kreis in 360 Grad teilte. Es sieht vielmehr so aus, als habe er den Jahreskreis in 400 Grade skaliert, denn die Zahl 400 findet sich in seinem Werk der *Prophéties* wieder: Jede Centurie besteht aus einhundert Vierzeilern, d. h. aus vierhundert Zeilen.

Nostradamus hatte die Texte ursprünglich auf eine große Tafel geschrieben (siehe Manfred Dimde, *Nostradamus entschlüsselt*, Bergen a. d. Dumme 1986). Die Schilderung seiner Vorgehensweise findet sich in der »Gebrauchsanweisung«, die er im Buch der *Prophezeiungen* sowohl in das Vorwort an Sohn César als auch in die Huldigung an Heinrich II. als lateinische Floskeln eingewoben hat. Die Gesamtheit der Prophezeiungen besteht aus 400 × 360 Buchstaben (= 144 000; ausführlich beschrieben und als Tafel wieder rekonstruiert finden Sie dies in: Manfred Dimde, *Das Siegel des Nostradamus*). Nostradamus schreibt in seiner Gebrauchsanweisung zum Prophezeiungstext (siehe dort Seite 17), dass man nun daraus einen »Igel« zu bilden und wie folgt vorzugehen habe: Der erste Buchstabe einer jeden Zeile wird als ein Mittelpunkt gesetzt, sodass die vierhundert Zeilen nun vierhundert Strahlen bilden, die von innen nach außen gelesen werden. Das Ganze sieht tatsächlich wie ein Igel aus.

Die Frage, wie man einen Kreis einteilt, ist ein zentrales Problem der Astrologie.

a) Kreis mit 400 Grad

25 Grad je Abschnitt	=	16 Abschnitte
5 Grad je Unterabschnitt	=	80 Unterabschnitte
ungerade Zahlen		*gerade Zahlen*

b) Kreis mit 360 Grad

30 Grad je Abschnitt	=	12 Abschnitte
10 Grad je Unterabschnitt	=	36 Unterabschnitte
gerade Zahlen		*gerade Zahlen*

Die altbabylonische Einteilung eines Kreises in 400 Grad zeigt uns das, was die alten Weisen eigentlich unter der Quadratur des Kreises verstanden haben: Auf der linken Seite der Aufstellung finden sich ungerade Zahlen, auf der rechten Seite gerade Zahlen.

Hierbei muss man wissen, dass damals alle ungeraden Zahlen als unteilbar und somit als unberechenbar und unerforschlich galten. Ungerade Zahlen waren somit göttliche Zahlen, die nicht gedeutet werden konnten, wohingegen die geraden Zahlen als teilbar, berechenbar und damit als weltliche Zahlen angesehen wurden. Nur diese Zahlen konnten gedeutet werden.

Ob nun religiöse, philosophische oder praktische Erwägungen für die Einführung eines Kreises mit 360 Grad eine Rolle gespielt haben, wissen wir heute nicht mehr. Die rechnerische Nähe von 360 zum Sonnenjahr mit 365 Tagen könnte sowohl profane als auch sakrale Gründe haben.

Ein Sonnenjahr entspricht 365,25 Tagen. Das ergibt in den 360 Graden des Kreises einen Verhältniswert von 0,9856, also fast 1 Grad = 1 Tag. Bei einer Kreiseinteilung in 400 Grad läge der Wert bei 1,095 Grad = 1 Tag. Dies entspricht einer Abweichung von fast 10 Prozent. Dies könnte ein Grund dafür gewesen sein, dass man sich in Mesopotamien – anders als in Ägypten – schließlich für 360 Grad entschieden hat.

Baute man in Babylonien konsequenterweise runde Zikkurate, um das Unberechenbare, also das Göttliche zu ehren, so errichtete man in Ägypten viereckige Pyramiden für das berechenbare Weltliche, das Diesseits. Darum waren bis ins 16. Jahrhundert die aus Ägypten stammenden Horoskopvorlagen in Europa viereckig.

Die Griechen, die sowohl von Babylon als auch von Ägypten beeinflusst waren, versuchten im letzten Jahrtausend vor Beginn der christlichen Jahreszählung offenbar, das Beste aus beiden Systemen für sich zu übernehmen.

Astrologie im christlichen Abendland

Die Weisen von Mesopotamien und Ägypten waren längst in ihre Gräber gesunken, als sich das geozentrische Weltbild langsam durchsetzte. Ein von einem gewissen »Ptolemäus« ca. 150 n. Chr. verfasstes Buch mit dem Titel *Almagest* bestimmte für die nächsten 1500 Jahre das christliche Weltbild von Sonne, Mond und den Sternen, die sich um die Erde als Mittelpunkt der Schöpfung drehten. Zwar gab es auch zu jener Zeit noch Versuche, diesen Irrglauben der christlichen Kirche zu korrigieren, aber eine im Jahr 260 n. Chr. aufgestellte Antithese des Aristarchos von Samos (ca. 310 bis 230 v. Chr.), nach der sich alles um die Sonne drehte, hatte keine Chance mehr auf Anerkennung.

Das frühe Christentum lebte in Erwartung des »jüngsten Tages«, d. h. der baldigen Wiederkehr seines Religionsgründers. Daher kümmerte man sich wenig um die Mechanismen der Schöpfung, die heute Naturgesetze genannt werden. Außerdem galt der Mensch, genau wie im Alten Testament, als Krone der Schöpfung, und folglich hatte sich die von Gott geschaffene Welt um den Kopf des Menschen zu drehen, nicht umgekehrt. Ein heliozentrisches Weltbild konnte sich deshalb damals unmöglich durchsetzen.

Die ersten Spuren einer Astrologie in den nördlich gelegenen Regionen des christlichen Europas gehen auf die Zeit um 1000 n. Chr. zurück. Man machte sich damals über den Einfluss des Mondes Gedanken und stützte sich auf vorhandene Aufzeichnungen in Kirchen und Klöstern. Zur selben Zeit stand die griechisch-arabische Astrologie im Mittelmeerraum in voller Blüte und verbreitete sich durch die Araber in den von ihnen eroberten Gebieten Spaniens. Alfons X. (1221 bis 1284), der als König von Kastilien und León den Beinamen »der Weise« oder in anderen Quellen »der Astrologe« trug, ließ von seinen Hofastronomen, den jüdischen Gelehrten Jehuda Ben Mose und Isaak Ben Sid, in Toledo ein astronomisches Werk mit Tabellen zur Berechnung der Positionen von Sonne, Mond und der fünf klassischen Planeten Merkur, Venus, Mars, Jupiter und Saturn zusammenstellen. Man nannte das Werk fortan die »Alfonsinischen Tafeln«. Dies deutet darauf hin, dass die arabisch-jüdische Astronomie allmählich auch im christlichen Europa an Bedeutung gewann.

Die Alfonsinischen Tafeln hatten Vorgänger, zum Beispiel die astronomischen Tafeln von Az-Zarquali (um 1100). Von Spanien aus, vor allem von der bereits erwähnten Universität von Toledo mit ihrer berühmten Übersetzerschule, erreichte das astrologische und astronomische Wissen der Araber schließlich u. a. über Montpellier den Süden Frankreichs. Erwähnt werden sollte in diesem Zusammenhang noch, dass Arnaud von Villeneuve (1235–1312), ein Katalane, sogar Rektor der Universität von Montpellier wurde. Er war Arzt, Alchimist und Astrologe. In Toledo wurden beinahe alle Werke der griechisch-antiken Philosophie und Wissenschaft aufbewahrt. Mit großer Wahrscheinlichkeit hatte Nostradamus seine ersten Sternentafeln in Montpellier erworben.

Nostradamus hatte offenbar gute Kontakte nach Spanien,

vor allem nach Toledo. Es fällt auf, dass er Jahre später als Geheimrat der Krone, d. h. als »Sicherheitsberater« des französischen Königs, die Aussöhnung von Spanien und Frankreich mit eingefädelt hat.

Die jüdische Astrologie

Auch im Stammland des Abraham wurden die Himmelserscheinungen über Jahrtausende und Generationen hinweg beobachtet. Diese Beobachtungen ergaben ein Regelwerk, das auch heute noch bekannt ist. Im 1. und 2. Jahrhundert n. Chr. verbreite sich mit den jüdischen Familien, die in den unterschiedlichsten Gegenden der Welt lebten, das Wissen um diese Astrologie. Fern von den Orten, an denen man die Himmelsschau nach den alten Regeln betrieb, teilte sich die Vorhersagekunst in zwei Richtungen auf: Die Vorgehensweise von Familien, die sich in der arabischen Welt angesiedelt hatten, wurde zu einer verfeinerten Form der arabischen Astrologie, die der ägyptischen Kunst nahe stand. Die andere Richtung wurde durch die in Spanien lebenden Juden aus dem Bedürfnis heraus entwickelt, astrologische Prognosegrundlagen zu vereinfachen. Im gesamten von Arabern beherrschten spanischen Raum entstand so eine Astrologie, die auf Zahlen beruhte, d. h. sie trug stark kabbalistische Züge.

Der Astro-Code des Nostradamus

Der Abschnitt für den Profiastrologen

In diesem ersten Buch um den bisher geheimen Astro-Code von Nostradamus soll sowohl den kundigen Astrologen als auch den interessierten Lesern, die nicht über profunde Kenntnisse der Astrologie verfügen, ein verständlicher Einstieg geboten werden. Ich möchte die »Nostradamus-Laien« daher um Verständnis dafür bitten, dass es auf den folgenden Seiten etwas unverständlicher zugeht. Der Astro-Code des Nostradamus hat nämlich einen tiefer gehenden Hintergrund, der nun umrissen werden soll.

Die 1. Formel für den kundigen Astrologen:

> Der Astro-Code des Nostradamus versammelt das Wissen um die so genannten vier Ecken der Welt (heute Weltachsen genannt) und ihre jeweilige Auswirkung auf die Stellung der Planeten zum Zeitpunkt der Geburt eines Staates (zum Beispiel des Deutschen Reichs 1871), eines Bündnisses, (zum Beispiel der UNO oder der Europäischen Union), einer Partei oder einer Firma. Dies ist die Ausgangslage, die Grundlage für das astrologische Gutachten.

Bei der Beratung des Herrschers, Heerführers oder eines heutigen Präsidenten, Premierministers oder Bundeskanzlers, eines Konzern- oder Firmenchefs werden

> die Auslösungen der Grundmatrix durch die aktuellen Gestirnsstände jeweils bei Neumond oder Vollmond herangezogen (diese Ereignisse finden alle 15 Tage statt).

Weiterentwickelte Begutachtungsweisen präzisieren heute die Aussagen. So werden, je nach astrologischer Schule, noch

> die Halbsummen, die Spiegelung und die für alle heute bekannten Planeten, also auch Uranus, Neptun und Pluto herangezogen.

Die 2. Formel für den kundigen Astrologen:
Als große astronomisch-astrologische Situationen am Himmel, die besonders berücksichtigt werden müssen, gelten hierbei die Konjunktionen (d. h. Konstellationen, bei denen sich die Planeten sehr nahe kommen; Tabellen für die aktuellen Jahre von 2005 bis 2015 finden sich im Anhang). Es sind dies:

> Mars – Jupiter (etwa alle zwei Jahre),
> Mars – Saturn (etwa alle zwei Jahre),
> Saturn – Jupiter (etwa alle 20 Jahre).

Auf der Basis einer großen Konjunktion erfolgt dann die Beurteilung der Auslösung der Schicksale durch die einzelnen aktuellen Mondstationen.

Die 3. Formel für den kundigen Astrologen:
> Mit einer exakten Konjunktion beginnt ein Zyklus, der erst dann endet, wenn die beiden Planeten das nächste Mal wieder in einer Konjunktion zusammenstehen.

In den Texten des Nostradamus finden sich zum Beispiel Formulierungen wie jene, dass ein Planet (z. B. der Mars, Jupiter, Saturn) »sich rundet« (revolu, se ronder usf.). Hiermit deutet Nostradamus das Ende oder den Beginn des neuen Zyklus an.

Die 4. Formel für den kundigen Astrologen:

> Die Zyklen der Sonnen- und Mondfinsternisse sind in Kombination mit den Weltachsen zu betrachten und betreffen nur die Landstriche, in denen das Ereignis sichtbar war.

Von allgemeinem Interesse dürfte sein, dass pro Jahr auf der Erde mindestens zwei, bestenfalls sieben Eklipsen sichtbar sind. Die Astronomen gehen im Durchschnitt von vier Verfinsterungen pro Jahr aus. So haben im vergangenen Jahrhundert 228 Sonnen- und 147 Mondverfinsterungen stattgefunden.

Diese vier Formeln sollten einem geübten Astrologen hinreichend Anhaltspunkte liefern, um eigene Forschungen zum Astro-Code des Nostradamus zu betreiben. Ein Hinweis: *Bei Computerberechnungen der auslösenden Mondstationen ist nach dem julianischen Kalender vorzugehen, wenn es um Deutungen des Nostradamus geht.*

Um das altägyptische astrologische Weltbild zu verstehen, müssen wir versuchen, wie die Priesterastrologen im alten Ägypten zu denken. Sie unterteilten den Ablauf von allem Seienden in sich wiederholende Zeiteinheiten. Für die Tagesastrologie kann man sich das so vorstellen: Die kleinste Zeiteinheit beginnt und endet bei Neumond. Ein typisches Beispiel wäre der Fastenmonat Ramadan im Islam. Eine noch kürzere Zeiteinheit wäre der Tag.

> *Achtung! Es wird, wie es heute noch im jüdischen Ritus üblich ist, von Sonnenuntergang bis Sonnenuntergang*

gerechnet. Dies ist im Zusammenhang mit dem Mondlauf zu sehen.

Als Maßeinheit für die Länge, d. h. die Zeitdauer eines Planetenzyklus gilt die Zeit, die von einer bestimmten Ausgangsstellung am Himmel bis zu dem Tag reicht, an dem der Planet wieder exakt an dieser Stelle steht (Astrologen kennen dies u. a. vom so genannten »Solar« für die Sonne oder dem »Lunar« für den Mond).

Im Observatorium des Tempels von Dendera, im hinteren, fensterlosen Raum, finden sich in der Decke zwei Peilschächte. War der Planet in diesem Schacht zu sehen, dann begann der Zyklus, kehrte er nach einiger Zeit wieder dorthin zurück, endete der Kreislauf, und ein neuer begann.

Peilschacht im Observatorium des Hathor-Tempels von Dendera. In dieser Aufnahme erkennt man, wie das Sonnenlicht auf eine bestimmte Stelle des mit Symbolen ausgeschmückten Schachts trifft.

Der Zodiak in der Vorhalle des Observatoriums.

Der Zodiak von Dendera

Alles, was wir wissen müssen, findet sich auf dem Zodiak von Dendera. Kaum jemandem ist heute bewusst, dass auf den alten Steinplatten auch das Geheimnis steht, woher wir Menschen stammen, auf welche Art und Weise wir auf diese Erde gekommen sind.

Ob Nostradamus sich vor Ort seine eigene »goldene Sternentafel« anfertigen ließ oder ob sie ihm als Kopie für die in Westeuropa lebenden jüdischen Gemeinden mitgegeben wurde, lässt sich heute nicht mehr sagen. Er besaß sie, und er wusste, wie er sie zu benutzen hatte. Das Wissen um die Zyklen ist ein Kerngeheimnis seiner Prophetie, was eine neue Generation von Nostradamusforschern in den nächsten Jahrzehnten belegen wird. Nostradamus hat mit Hilfe des Zodiak von Dendera bis in das Jahr 3797 nach christlicher Jahreszählung »gesehen«.

Wie das Original in Dendera bestand sein System aus zwei Teilen: aus einer Scheibe und einem beweglichen Teil, den man auf den aktuellen Stand der Sonne, des Mondes und der Venus legte, um die Deutung der aktuellen Zyklen vorzunehmen.

Genau wie die Priesterschaft in Dendera ins Observatorium hinaufstieg, so kletterte Nostradamus des Nachts auf die Plattform seines Hausdachs, um die aktuelle Positionen der Planeten zu ermitteln. In Dendera begab man sich dann in die Vorhalle des Observatoriums, wo sich an der Decke der Zodiak befand. Im dahinter liegenden fensterlosen Raum peilte man die in den beiden Dachluken sichtbaren Fixsterne an. Die Priester richteten das Drehgestänge in der Vorhalle unter dem Zodiak in die entsprechende Stellung aus. Dieses Drehgestell übernahm ersatzweise die Funktion der Stufenpyramide.

Nostradamus verwendete eine Art von Astrolabium. Er konnte damit Höhe und Richtung der Sonne, des Mondes und der Fixsterne ermitteln und Sonnen- und Mondfinsternisse vorhersagen. Anstelle des Drehgestänges, wie es in Dendera verwendet wurde, legte er weitere Scheiben in das Astrolabium ein, wie weiter unten beschrieben wird. Das war sein Geheimnis, das unterschied ihn von allen anderen Astrologen seiner Zeit.

Der Zodiak von Dendera bezieht sich auf längere Zeitperioden, auf Hitze- und Kälteperioden, auf Epochen mit star-

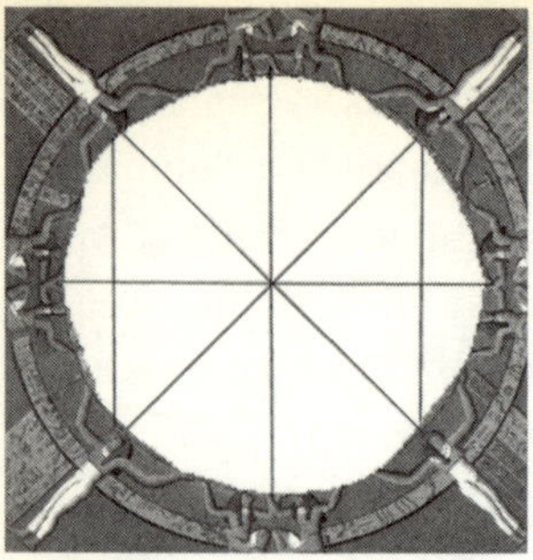

Die Matrix der Zusammenhänge

Die 36 Dekaden des Zodiak

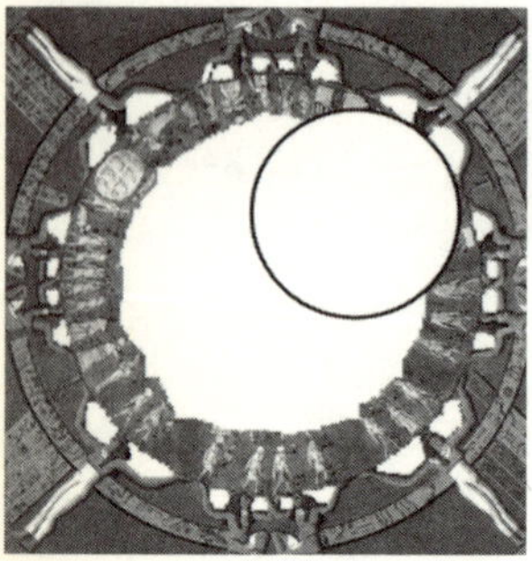

Der Ring der 12 Tierkreiszeichen

Im Zodiak von Dendera werden Zusammenhänge der einzelnen Positionen am Himmel sichtbar.

kem und Epochen mit schwachem Bevölkerungswachstum, auf starke und schwache Regierungen. Seine Vorhersagen betreffen immer Gegensätze. Dieses Prinzip der »polarisierten« Vorhersagen für längere Zeiträume ist im zweiten Teil dieses Buches in praktische Deutung für die Dekaden aller Tierkreiszeichen umgesetzt. Beispiel: Wie verhalte ich, der Herrscher, mich zu dir als meinem Diener?, oder: Was habe ich als Diener/Untertan von meinem Herrscher zu erwarten?

Die Kombinationen der verschiedenen Zyklen, die Nostradamus für die Zeit von 1555 bis 3797 auf seiner Sternentafel ablesen und aufgrund seiner hellsichtigen Fähigkeiten interpretieren konnte, hat er in seinem Buch der *Prophezeiungen* niedergeschrieben. Damit dies möglich wurde, musste er die Planetenpositionen für diese 2242 Jahre berechnen. Hierfür benötigte er Tabellen, wie etwa die hier erwähnten »Alfonsinischen Tafeln«, wobei sein Datenmaterial genauer war, denn es stützte sich auf babylonisch-ägyptische Formeln.

Im vorliegenden Buch nutzen wir die Möglichkeiten der individuellen Prophetie für den einzelnen Menschen auf der Basis des Zodiak von Dendera. Wir können uns auf exakte Vorausberechnungen von Computerprogrammen stützen.

Der Schlüssel zum Astro-Code des Nostradamus auf einen Blick

Um den geheimen Astrocode zu erstellen, ging Nostradamus mithilfe seiner »goldenen Sternentafeln« systematisch vor:

1. Zuerst wurde die Position der Planeten ermittelt.
2. Dann wurde deren Position entsprechend des Tierkreises und der Dekane »markiert«.
3. Nun wurde nachgesehen, wie die Planeten in dieser Situation miteinander verbunden waren. Dies entspricht den heutigen Aspekten im Horoskop. Durch Links- und Rechtsdrehung der sternenförmigen Scheiben wurden alle Verbindungen der Planeten untereinander ermittelt.
4. Schließlich wurde anhand des Rings, der die Zyklen markierte, nach weiteren Auffälligkeiten gesucht, um diese dann zu bewerten, d. h. zu deuten (siehe die Abbildung auf Seite 102).

5. Beurteilt wurden jeweils die Situationen bei Neumond, Viertelmond, Vollmond, Viertelmond und wieder bei Neumond.

   (Nach diesem Prinzip wurden die Deutungen im zweiten Teil dieses Buchs für jede einzelne Dekade des Tierkreises von 2005 bis 2015 erarbeitet.)

Jeder der Ringe zeigt einen wiederkehrenden Zyklus für das Volk.

Der sternenförmige Schlüssel wurde eingesetzt, um die Zusammenhänge auf den Ringen zu erkennen. Nostradamus trug ihn um den Hals.

Das Instrument musste nur noch auf die aktuellen Gestirnsstände justiert werden, um gebrauchsfähig zu sein.

Wird das »Amulett« auf die Sternentafel aufgelegt und justiert, dann braucht der Kundige nur noch abzulesen.

Ein Blick in die Deutung des Zodiak von Dendera

Die priesterlichen Designer des Zodiak von Dendera haben gemäß der alten Tradition der gespiegelten Objekte eine Gebrauchsanweisung in den sich durch die Spiegelung ergebenden Piktogrammen hinterlegt. Um den Zodiak zu verstehen, muss man also keine altägyptischen Hieroglyphen lesen können. Man muss lediglich anhand der Piktogramme die Astrologie des alten Ägypten verstehen. Diese Deutungsarbeit ist zurzeit in vollem Gange und wird vor allem eine neue Sichtweise auf die Jahrtausende andauernden Zyklen bringen.

Hier eine kurze Gebrauchsanweisung für das Lesen von Hieroglyphen aus der Zeit vor 1800 v. Chr.:

a) Nehmen Sie bitte einen randlosen Spiegel zur Hand.

b) Halten Sie den Spiegel auf der 12-Uhr-6-Uhr-Achse der ganzseitigen Abbildung des Zodiak (siehe Seite 98) in einem 90-Grad-Winkel.

c) Sehen Sie senkrecht in diesen 90-Grad-Winkel. Mit etwas Übung erkennen Sie die Piktogramme auf dieser Achse.

Verdrehen Sie anschließend den Zodiak von Dendera so, dass die anderen Figuren auf dem äußersten Ring nacheinander jeweils bei 12 oder 6 Uhr zu stehen kommen. Verfahren Sie wieder von a bis c. Auf der vorhergehenden Seite sehen Sie einige Ergebnisse dieser Kunst. Die Interpretation der Bilder erfordert allerdings fundierte astrologische Kenntnisse. Für den Laien reicht es zu wissen, dass der Zodiak noch weitere Deutungsmöglichkeiten jenseits der offensichtlichen bietet.

Der Astro-Code im Alltag des Nostradamus

In den ersten Jahren nach seiner Niederlassung in Salon-de-Provence wird Nostradamus vermutlich vor allem von seinen Einnahmen als Stadtmedikus gelebt haben. Er öffnete morgens die beiden Flügel des großen Tores zu seinem Haus und stand den ratsuchenden Kranken zur Verfügung. Die Atmosphäre in der Straße, in der Nostradamus lebte, dürfte der eines kleinen Basars im Orient entsprochen haben. Die Händler öffneten im Laufe des Vormittags die Rolltore vor ihren Läden. Dahinter befand sich meist nur ein Raum, in dem der Händler mit all seinen gestapelten Waren saß.

Von Nostradamus erzählt man sich in Salon, dass er unter einem heute noch existierenden Torbogen seines Hauses gesessen und die Kranken aus der Stadt beraten habe. Kam vornehme Kundschaft, dann stieg er mit den Herrschaften über eine schmale Wendeltreppe in den ersten Stock seines Hauses hinauf, wo er in seinem Arbeitszimmer ungestört die Beratung durchführte.

Dem ratsuchenden Landbaron ging es in erster Linie um Angelegenheiten seiner Ländereien, um Streitereien und

Probleme mit Gerichten, mit Verwaltungsbeamten des Fürsten oder sogar mit dem Fürsten selbst. All dies sind Dinge, mit denen wir heute ebenfalls zu tun haben, allerdings sind sie in andere »Kostüme« gekleidet: Mal war zuviel Geld in falsches oder verfälschtes Saatgut investiert worden, oder es gab Probleme mit rebellischen Arbeitern und unfähigen Verwaltern. Dann wieder fragte man Nostradamus um Rat, wie Intrigen der Adligen untereinander zu begegnen war. Und schließlich waren Fragen der Mitgift oder Erbstreitigkeiten zu klären.

Heute geht es um Geldverluste durch Fehlinvestitionen, Probleme mit Vorgesetzten und Untergebenen oder mit Ämtern und Behörden: Wir müssen uns beispielsweise mit Steuernachzahlungen oder gesetzlichen Vorschriften herumärgern, Knöllchen bezahlen oder die Genehmigung einer phlegmatischen Behörde einholen.

Um die Fragen seines Klienten oder seiner Klientin beantworten zu können, musste Nostradamus wissen, an welchem Tag und in welchem Monat der oder die Ratsuchende geboren war. Dieses Datum wussten im Mittelalter auch die des Lesens Unkundigen: Sie mussten sich nur den Namen des Schutzheiligen ihres Geburtstages merken. Nostradamus wusste dann, in welchen der 36 Abschnitte eines Tierkreises die Geburtssonne des Ratsuchenden fiel. Das Geburtsjahr spielte keine Rolle, denn bei diesem Prozedere ging es nicht darum, das gesamte Leben des Menschen, sondern bloß seine Aussichten für die nächsten Tage, Wochen und Monate vorherzusagen.

Nostradamus kannte die aktuelle Stellung der Planeten. Er hatte sie, wie schon dargestellt, nachts von jenem kleinen Observatorium auf dem Dach des Hauses aus ermittelt und in seinem Astrolabium fixiert. Er wusste also, bevor ein Klient kam, wie sich die Planeten an diesem Tage zu den vier Kanten des viereckigen Horoskops verhielten. Wir erinnern uns: Hierfür war die Stufenpyramide von Sakkara als Vorbild genommen worden. Auf den einzelnen Stufen bewegten sich die Sternengötter – mussten sie eine der Kanten der Pyramide überschreiten, dann wurde dies als ein besonderes Ereignis gedeutet.

Anschließend legte Nostradamus den Ring mit den vier Weltachsen (das sind die vier Pyramidenkanten) in das Instrument ein und konnte auf einen Blick sehen, ob von diesen Weltachsen zum Stand der Geburtssonne des Ratsuchenden irgendwelche »Verhältnisse«, d. h. Winkelgrade abgelesen werden konnten. Der Astrologe bezeichnet diese Winkelgrade (zum Beispiel diejenigen von 45, 60, 90 und 180 Grad) als »Aspekte«. So nennt man einen Winkel von 90 Grad beispielsweise ein »Quadrat«.

Konnte Nostradamus die auffälligen Winkelgrade, die sich für den Ratsuchenden aus seiner Geburtssonne ergaben, an Ort und Stelle deuten, so hatte er den ersten Teil seiner Beratertätigkeit nur noch in Worte umzusetzen, d. h. in Ratschläge für den Klienten. Wurde eine sehr intensive Beratung gewünscht, dann bediente er sich des zweiten Teils des Instruments, das er wie bereits erwähnt als Schmuckstück um den Hals trug. Es handelte sich um einen Ring, in dem sich zwei bewegliche Dreiecke befanden. In den Ring war die goldene Sternentafel eingraviert, deren Vorbild wir im Hathor-Tempel von Dendera finden. Die beiden Dreiecke konnten zu einer Raute, zu einem x-förmigen Gebilde – Nostradamus nannte dies den »strahlenden Becher« – oder zu einem Davidstern zusammengeschoben werden.

Nostradamus verschob die Spitzen dieser drei geometrischen Figuren nacheinander auf die Position der Dekade

(Stand der Geburtssonne) des Ratsuchenden und konnte dann auf einen Blick erkennen, welcher der anderen Planeten in einem Verhältnis (Aspekt) zur Geburtssonne stand.

Die Grundlage für den zweiten Teil der Beratung war somit gelegt. Die Deutung ergab sich aus den Symbolen auf der goldenen Sternentafel. Am Ende der Beratung konnte Nostradamus die eingesetzten Teile wieder aus dem Instrument nehmen und sie sich als Schmuckstücke um seinen Hals legen. Es gab keine schriftlichen Aufzeichnungen, nichts Verräterisches, was missgünstige Konkurrenten gegen Nostradamus hätten verwenden können. Niemand konnte hinter sein Geheimnis kommen, solange er nicht die Hintergründe preisgab. Dies mag ein Grund dafür sein, dass es nur sehr wenige von Nostradamus selbst gefertigte Horoskope gibt.

Die Vorsichtsmaßnahmen der Kundigen

Auch zur Zeit des Nostradamus war es nicht unbedingt ratsam, als praktizierender Katholik ein Amulett um den Hals zu tragen, das einem Davidstern ähnelte. Daher benutzte man einen Kunstgriff, um den Stern zu tarnen. Sowohl die Raute (zwei Dreiecke an ihrer Basis verschmolzen) als auch das X oder der »strahlende Becher« (zwei Dreiecke an den Spitzen

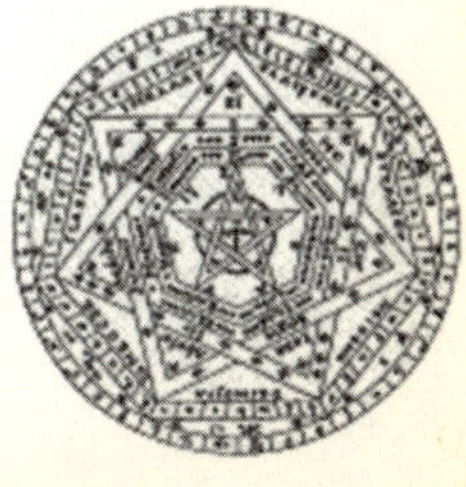

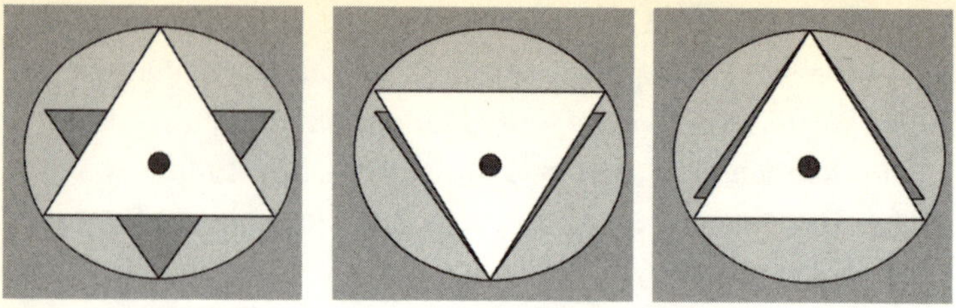

Es galt, die Auffälligkeit des Instruments zu minimieren.

verbunden) bzw. der Davidstern (zwei ineinander geschobene Dreiecke) waren für die Häscher und Späher der Inquisition verdächtig. Also fertigte man zwei deckungsgleiche Dreiecke an und verband sie in deren Mittelpunkt. Nun konnte man durch Verdrehen und Verschieben im Handumdrehen daraus wieder einen Davidstern oder einen »strahlenden Becher« bilden (siehe die Abbildungen oben).

Teil II

Der Astro-Code des Nostradamus in der Praxis

Die Staatsastrologie des Nostradamus

Im zweiten Teil des Buches *Astro-Code* wollen wir versuchen, die neuen Erkenntnisse in die Praxis umzusetzen. Für den astrologisch versierten Leser hier ein kleiner Hinweis: Es geht zuerst um die Weltachsen, die im über 2000 Jahre alten Tierkreis des antiken Observatoriums von Dendera in Ägypten zu erkennen sind. Diese Weltachsen, angepasst an die heutige Zeit, werden nun in Beziehung zu den Staatshoroskopen von Deutschland, Österreich und der Schweiz gesetzt. Das Ergebnis sind die Staatshoroskope für die drei Länder von 2005 bis 2015.

Wenn Sie den Astro-Code des Nostradamus überprüfen wollen, dann lesen Sie bitte zuerst den Abschnitt für das jeweilige Jahr, in dem Sie leben. Es ist quasi das Generalthema für Ihr Land, also das Länderschicksal, in das Sie hineingeboren wurden oder das Sie sich ausgewählt haben, weil Sie dorthin gezogen sind.

Innerhalb des Generalthemas für das Jahr und Ihr Land sollten Sie sich persönlich sehen. Die Besonderheit dieser Deutungen nach dem Astro-Code des Nostradamus erkennen Sie, wenn Sie nun innerhalb Ihres Tierkreiszeichens die Zeitperiode von etwa zehn Tagen heraussuchen, in der Sie geboren wurden.

Jeweils unter dem betreffenden Jahr können Sie nachlesen, wie Sie sich aufgrund Ihres angeborenen Temperaments zur Obrigkeit in Ihrem Land verhalten werden.

Ein Beispiel:

Sie sind Deutscher und am 26. März geboren, also ein Widder. Bitte lesen Sie zuerst die Deutung für Deutschland für das Jahr 2005 (siehe Seite 111) und dann die Deutung für Widder, 1. Dekade, für das Jahr 2005 (siehe Seite 129).

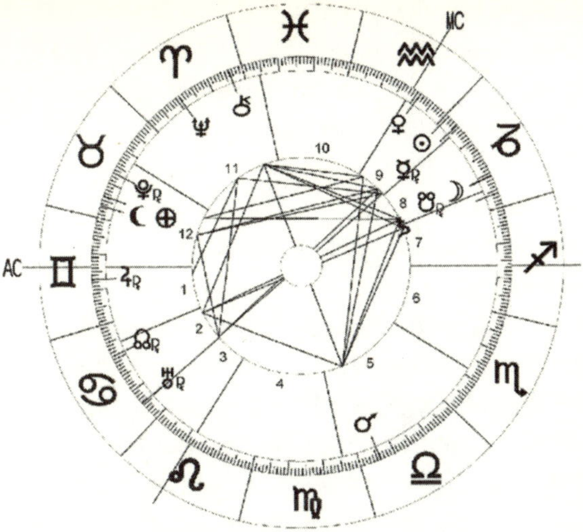

Staatshoroskop für Deutschland

Deutschland 2005

Das Jahr der unüberlegten Anordnungen

In der Regierung wird es kriseln, weil es bei denjenigen, die im Hintergrund die Entscheidungen treffen, Meinungsverschiedenheiten gibt. Unüberlegte Anordnungen entzweien die Regierenden und verunsichern die Beamten. Es ist eine Zeit, in der verbale Angriffe und politische Intrigen das politische Klima aufheizen. Man hört erstmals von einem neuen politischen oder religiösen Fanatismus.

Deutschland 2006

Ein Jahr der Verwicklungen

Eine kritische Phase für auswärtige Beziehungen zeichnet sich ab. Die Regierung könnte in wirtschaftlichen Fragen in

Bedrängnis kommen, was mit der überraschenden Änderung eines Regelwerks zu tun hat. In diesem Jahr geraten alle Bereiche in die Krise, die mit dem Begriff »Erde« in Zusammenhang stehen. Veränderungen in der Landwirtschaft werden sichtbar, ebenso in der Bauindustrie. Möglicherweise trennt sich der Staat von Landbesitz.

Deutschland 2007

Man setzt sich mit kritischen Weltanschauungen auseinander

Die Störungen in den Auslandsbeziehungen erreichen in diesem Jahr ihren Höhepunkt. Durch Verrat wird eine innenpolitische Krise ausgelöst. Intrigen durch politischen oder religiösen Fanatismus oder eine Kombination aus beidem beherrschen das Tagesgeschehen. Erstmals wirken sich auch länger andauernde politische Aktionen im Inland aus. Diese Aktionen beeinträchtigen die Industriezweige, die sich mit Physik und Chemie beschäftigen, denn die Störung von technischen Anlagen durch falsche Programmierung oder Sabotage ist angezeigt.

Deutschland 2008

Ein Jahr der Täuschungen und des Getäuschtwerdens

Eine kritische Zeit für auswärtige Beziehungen. Politische Verwicklungen, unerwartete Zwischenfälle, aufkommende wirtschaftliche Spannungen werden die Regierung in diesem Jahr beschäftigen. Der ungünstige Verlauf einer Parlamentsdiskussion über Sozialfragen könnte die politische Landschaft radikalisieren. Das Klima im Staat ist geprägt von einer Manipulation der Medien bzw. durch die Medien und von vorgetäuschten Gefahren durch (Umwelt-)Gifte. Bestimmte Interessengruppen propagieren ihre illusorischen Vorschläge mit großer Vehemenz und leiden dann unter den Folgen ihrer enttäuschten Hoffnungen.

Deutschland 2009
Eigenartige Vorkommnisse
Es ist ein nervenaufreibendes Jahr für Politiker, weil Entscheidungen aufgrund von falschen Informationen gefällt werden. Eigenartiges Geschehen an verschiedenen Orten im Ausland führen zu einer neuen Form der Hilflosigkeit. Es zeigen sich Störungen in den Handelsbeziehungen, die eine Folge der Veränderungen im Bankwesen und bei der Vermögensbildung sind.

Deutschland 2010
Unruhe in allen Bereichen
Für den Staat ist es weiterhin eine sehr unruhige Zeit. Man erkennt Gefahren für Staatsmänner und kann nichts dagegen tun. Wegen einer überraschenden Entwicklung im Parlament wächst die Unsicherheit in der Bevölkerung. Von den nicht erkannten Auswirkungen einer gut gemeinten Maßnahme geht eine Gefahr für die Bevölkerung durch Vergiftung oder anderweitige Schädigung aus. Es kommt zu öffentlichen Diskussionen um die Freizügigkeit des Verkehrs.

Deutschland 2011
Gewalttätigkeiten
Die Entwicklung der weltpolitischen Lage wird angespannt beobachtet. Etwas wird auf die Spitze getrieben. Verhandlungen. Nervenproben. Es besteht die Gefahr von Attentaten und Terrorakten. In diesem Jahr behält das Primitive die Oberhand. Es kommt zu Unruhen durch eine Unfallserie in einem staatlich betriebenen Verkehrssystem.

Deutschland 2012

Unerfüllte Hoffnungen

Ein Jahr der Illusionen. Trotz der kritischen Lage schwelgen Politiker in Optimismus. Zunahme von finsteren Machenschaften und Gewaltakten. Ein technisches Versagen führt zu einer Katastrophe, möglicherweise zu Explosionen. Der massive Einsatz von Polizei und Streitkräften könnte die Demokratie gefährden. Nachteilig für alles, was mit Nahrungsmitteln zu tun hat. Engpässe in der Energieversorgung werden spürbar.

Deutschland 2013

Chaos

Für die Regierung ist es ein kritisches Jahr für auswärtige Beziehungen. Politische Unruhen und/oder weltweite militärische Aggressionen an verschiedenen Orten verursachen große Gefahren. Eine politische Verwicklung und unerwartete Zwischenfälle halten die Regierenden ständig in Atem. Ruhe und Ordnung werden gewaltsam wiederhergestellt.

Deutschland 2014

Ein Jahr der Herausforderungen

Die Unruhe in der Bevölkerung erreicht einen neuen Höhepunkt, die Regierung gerät in Bedrängnis. Beschlossene Neuerungen erweisen sich als undurchführbar. Es ist ein Jahr, in dem der Staat Probleme mit der Abwehr und Bewältigung von Gefährdungen für seine Bevölkerung bekommen wird. Ein Missverständnis unter Bündnispartnern kommt hinzu.

Deutschland 2015

Normalisierung

Eine Gesetzgebung, die mit Grundbesitz zu tun hat, verursacht Unruhe in der Bevölkerung. Dies könnte vor allem die Landwirtschaft betreffen. Trotz unrealistischer Wirtschafts- und Finanzpläne normalisieren sich die Verhältnisse. Auffallend ist ein Aspekt, der auf eine große Falschgeldaffäre hindeutet, oder aber es handelt sich um eine Bereinigung der Währung. Die Radikalisierung oder die Macht der Straße ebbt ab.

Die Staatsastrologie für Österreich zwischen 2005 und 2015

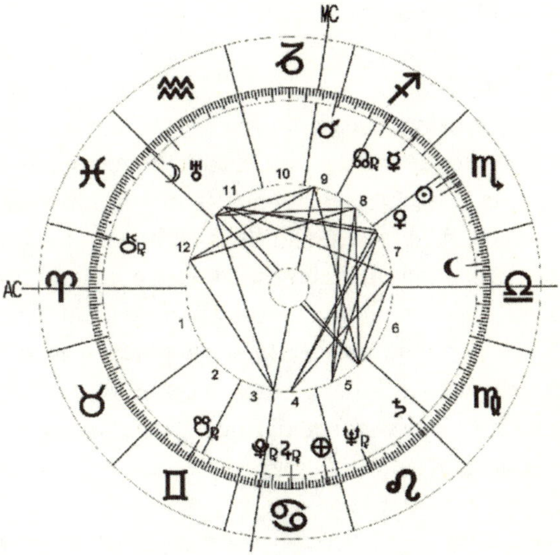

Staatshoroskop für Österreich

Österreich 2005

Viel Rauch um nichts

Der Staat sieht untätig zu, wie er von allen Seiten mit völlig überzogenen Ansprüchen konfrontiert wird. Man hört von einem Politiker, dessen Wille zum Erfolg alles zerstört, was sich ihm in den Weg stellt. Der Kongress tanzt mal wieder.

Österreich 2006

Ein Jahr des Getäuschtwerdens

Streit und Gewalttätigkeit werden im Februar sichtbar. Im April erreicht der öffentliche Unmut seinen Höhepunkt. Mit der Einschränkung der sozialen Wohltaten kommt die Wut. Im Mai hält der Volkszorn an. Im Oktober hört man von weiteren geplanten Veränderungen. Der bisher gültige Rahmen scheint zu eng geworden zu sein. Umwälzungen, die überkommene Vorstellungen betreffen, bringen die Stabilität der Finanzen ins Wanken.

Österreich 2007

Schmerzhafte Korrekturen

Für die Regierenden sind die Entscheidungen nicht angenehm, für die Bevölkerung aber mittelfristig notwendig, um die Gemeinschaft auf richtigem Kurs zu halten. Im Rückblick wird man von einer harmonischen Veränderung sprechen, ähnlich dem Effekt einer sich häutenden Schlange. Alte Muster werden durch neue ersetzt. In der Regierung zeigt sich der Wille zum Erfolg. Ab Mitte des Jahres sind dann Aktivitäten der Regierung zu erwarten, die man nicht verstehen wird. Eine Veränderung innerhalb der Regierung ist möglich.

Österreich 2008

Das Feuer der Freiheit und des Erfolges

Das Gefühl der Einheit wird stark ausgeprägt sein. Ein günstiges Jahr für den Export und für kreative Ideen, um die Handelsbeziehungen auszubauen. Die Regierung erweist sich als geschickter Stratege bei dem Versuch, alle Interessen unter einen Hut zu bringen.

Österreich 2009

Ein Jahr der Reibungen

Vieles, was mit dem Mars in Verbindung gebracht wird, ist für den Staat jetzt angezeigt. Es werden Dinge von außen auf den Staat einwirken, denen er sich nicht entziehen kann. Die Politiker beginnen die Dinge, die da kommen werden, zu erahnen. Man rechnet mit plötzlichen politischen Ereignissen, deren Quelle in weltweiten Umtrieben zu suchen ist und auf die der Staat keine direkten Einwirkungsmöglichkeiten hat.

Österreich 2010

Der »Kosmos« zersplittert

Schrille Töne aus dem Ausland beeinflussen den Staat Österreich. Es wird eine nervenaufreibende Zeit für die Regierung, denn der politische Schlagabtausch findet unterhalb der Gürtellinie statt. Es wird Probleme mit der Energieversorgung oder Energiemangel durch zu hohen Verbrauch geben. Grimmiges Knurren in der internationalen Politik bestimmt das Verhalten des Staates Österreich.

Österreich 2011

Österreich steht vor dem Zusammenbruch seines bisherigen politischen Weltbilds

Die Irritationen kommen von außen. Ab Mitte des Jahres wird das Ende einer Periode des Überflusses sichtbar. Die Regierung ergreift Maßnahmen, um die Widersprüche, d. h. die Kluft zwischen den Emotionen und der künftigen Realität in Österreich herunterzuspielen.

Österreich 2012
Das Unergründliche bestimmt die Aktivitäten des Staates
Die Regierung versucht, sich abzeichnenden Ereignissen entgegenzusteuern. Diskussionen über die Vor- und Nachteile eines bewussten »Nicht-Tuns« beherrschen die Tagespolitik. Ab August wird eine schicksalsbedingte Veränderung für Österreich sichtbar und in der Bevölkerung spürbar sein. Der Schatten der Vergangenheit hat Österreich eingeholt.

Österreich 2013
Auftritt eines schicksalhaften Führers
Sein Geheimnis wird ein Aktionsvorschlag für die Bevölkerung sein, ein Weg, der die Regierung zum angestrebten Ziel führen wird. Wegen ungleicher Kräfte im Kabinett oder Störungen der Regierungsarbeit durch ein Ungleichgewicht entsteht ein gordischer Knoten.

Österreich 2014
Wandlung und Transformation des Staates
Man fühlt sich getäuscht. Die Bereitschaft zu aggressiven Reaktionen wächst in diesem Jahr augenscheinlich. Jeder überwundenen Krise folgt ein Maßnahmenkatalog, der die Wiederholung einer solchen Krise verhindern soll.

Österreich 2015
Die Regierung muss den Menschen die Angst vor dem Leben und vor der Zukunft nehmen
Schrille, nervöse Unruhe. Paranoia wird vorübergehend zum Normalzustand. Lösungen im Zusammenhang mit einer Lebensverhinderung stehen im Vordergrund der Regierungsarbeit. Eine bis dahin ungekannte Methode des Machtmissbrauchs entwickelt sich. Ausnutzen einer Welle der Frömmigkeit.

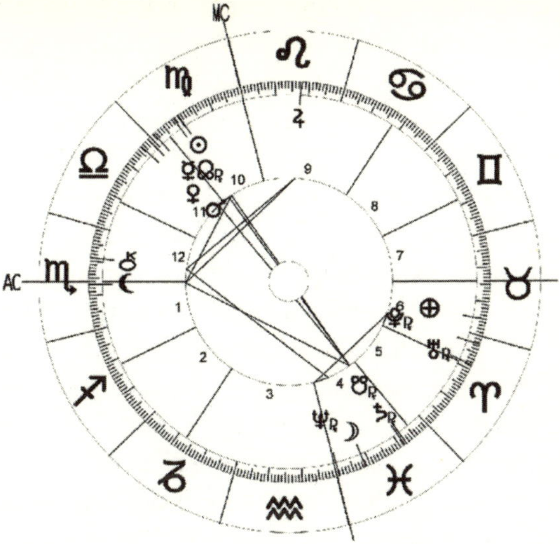

Staatshoroskop für die Schweiz

Schweiz 2005

Übermacht der Moralisten

Die Grundansichten der Schweizer werden in diesem Jahr einer Belastungsprobe ausgesetzt. Es geht um wirtschaftliche Dinge, die das Land verändern könnten. Von der Presse kommen schrille Töne. Die Regierung gerät unvermittelt in größte Bedrängnis, weil geheime Aktionen gegen die Schweiz angezettelt worden sind.

Schweiz 2006

Ein gutes Jahr

Der Regierung ist in diesem Jahr viel Erfolg beschieden. Das ist offenbar die Folge ihres kompromisslosen Verhaltens in der letzten Zeit. Das Land kann mit einer »Horizonterweiterung« rechnen. Es handelt sich hierbei um eine Aufwertung durch ein internationales Gremium oder eine Institution. Mit großer Geschicklichkeit bekommt man unterschiedliche Meinungen gut unter einen Hut.

Schweiz 2007
Überzogene Erwartungen der Bevölkerung
Die Regierung muss sich gegen unrealistische Erwartungen von Seiten der Bevölkerung wehren. Dieses Jahr stellt den Wendepunkt für die Schweiz dar. Etwas Unerreichbares wird merkwürdigerweise für die Regierung zum Prüfstein werden. Das Erwartete zerplatzt wie eine Seifenblase, und darin liegt auch ein politisches Problem für die Zukunft des Landes. In der Regierung wird man in diesem Jahr mit einem Mangel an Takt und Rücksichtnahme konfrontiert werden, wodurch es zu emotionaler Überhitzung unter den Mächtigen im Lande kommt.

Schweiz 2008
Schmerzhafte Korrekturen in der Politik
Das Jahr des wirtschaftlichen Abschwungs oder der beginnenden Einschränkungen. Die Regierung wird gezwungen werden, Einschnitte vorzunehmen. Im Land ist es offenbar seit Längerem zu Fehlentwicklungen gekommen, was nun einen Zustand der Auflösung herbeiführt. Materielle Ziele können nicht erreicht werden. Die Schweiz wird sich selbst auf den Prüfstand stellen müssen. Führende Politiker dreschen Phrasen, um davon abzulenken.

Schweiz 2009
Das Jahr des Nachdenkens
In der Schweiz wird über den Grund des Scheiterns der bisherigen Politik nachgedacht werden. Überkommene Vorstellungen und eine falsche Beurteilung der Lage sollen überwunden werden, aber dies wird vom Volk verhindert. Es ist die Zeit der Übertreibung im Positiven wie im Negativen. Möglicherweise spielt die Presse hier erneut eine Rolle. Zum Ende des Jahres setzt sich wieder ein realistischer Blick fürs Ganze durch.

Schweiz 2010
Ungebremste Machtentfaltung in der Regierung
Unter dem Schock der aktuellen Ereignisse zieht man in der Schweiz einen Schlussstrich unter alte politische Streitereien und weltanschauliche Meinungsverschiedenheiten. Dieser Kraftakt führt zur richtigen politischen Weichenstellung für die nächsten Jahre. Die Schweiz darf großen Überfluss erwarten.

Schweiz 2011
Scheinbare Abschottung
Die Regierung erhebt einen Mythos aus der Vergangenheit zum Ideal der Zeit. In der Politik hört man von unsauberen Machenschaften. Die Bürger beginnen sich als Auserwählte zu fühlen. Eine Art geistige Bewegung macht der Regierung große Schwierigkeiten. Einsatz von staatlicher Gewalt ist möglich.

Schweiz 2012
Höhepunkt der Täuschungen oder des Getäuschtwerdens
Eine Periode von höchster politischer Brisanz, weil eine totale Veränderung des Regierungssystems möglich sein kann.

Man ist am Ende eines Entwicklungsprozesses angekommen und muss alte Bilder zerstören, um zu überleben.

Schweiz 2013
Die Ummantelung der Leere
Die Regierung sollte sich in diesem Jahr auf ein Trommelfeuer der Ereignisse einstellen, das kaum zu bewältigen sein wird. Ein politischer Querulant wird auftreten, der allerdings auch rasch wieder Geschichte sein wird. In der Regierung kommt es zu einer gestörten Kommunikation.

Schweiz 2014
Ungeduld in der Regierung
Das Land befindet sich als isoliertes Gebilde inmitten eines Schlangennests. Die Regierung wird ungeduldig. Die bereits im Vorjahr erwähnte »Ummantelung der Leere« setzt sich in diesem Jahr weiter fort. Die Regierung wird erstmals Polizei und Militär in den Einsatz schicken. Eine weibliche Politikerin stürzt über geplante Vorsorgemaßnahmen. Ein Jahr, in dem nervöse Unruhe und Alltagsstress vorherrschen.

Schweiz 2015
Große Schwankungen
Die Regierung fährt einen Schlingerkurs. Man ist hin und her gerissen zwischen Gebet und Wut. Reichtum, Sicherheit und Vergangenheit passen in diesem Jahr nicht mehr zusammen. Erstmals wird man in der Schweiz die Anzeichen für einen Machtmissbrauch erkennen und nichts dagegen tun können. Zwar sind die Herausforderungen der Vergangenheit überwunden, aber von einem Feuer der Freiheit kann keine Rede sein.

Der Nutzen für uns als Privatpersonen

Auf was sollten Sie sich im Umgang mit dem Staat, seinen Behörden und seinen Beamten einstellen? Das Prinzip für die Deutung lautet: Was habe ich von demjenigen zu erwarten, der mir etwas zu befehlen hat? So lässt sich diese Deutung auch auf Ihr Verhältnis zu Ihrem Vorgesetzten im Betrieb anwenden. Es geht hierbei nicht um die konkrete Person, die im Augenblick weisungsbefugt ist, sondern um die Funktion, die diese Person innehat.

Man kann es sich heute kaum vorstellen, aber im Mittelalter war der offizielle astrologische Beobachter am fürstlichen Hof Zeuge einer jeden körperlichen Vereinigung des hochwohlgeborenen Paares. Das Volk wusste davon nichts. Es hatte zu arbeiten, zu dienen und bei Bedarf zu jubeln.

Minutiös wurde jeder Beischlaf des jungen Fürstenpaares Tag und Nacht notiert, bis klar war, dass die Vereinigten mit einem Nachkommen gesegnet sein würden. Ergänzt durch das Wissen über den wahrscheinlichen Zeugungszeitpunkt wurde das offizielle Horoskop des Sohnes oder der Tochter auf der Basis des Sonnen- und Mondstandes in den Tierkreiszeichen zum Zeitpunkt der Geburt erstellt, im Kreise der Gelehrten geprüft, diskutiert und schließlich den Eltern präsentiert.

War es ein Thronfolger, so kam Politik ins Spiel. Aus dem Horoskop konnte ein jeder Kundige die Stärken und Schwächen des Prinzen und künftigen Souveräns erkennen und ihn entsprechend bei Kriegshändel oder Privilegientausch beraten. Gehörte der Kundige zum Hofstaat eines Widersachers des Herrscherhauses, so würde mit der Thronbesteigung des Horoskopeigners eine Maschinerie der Intrigen einsetzen, um ihn politisch zu schwächen.

Das Horoskop eines Souveräns war ein Politikum erster Ordnung, und wenn die Habsburger zum Beispiel sich schwer taten, ihrem Sohn und Kronprinzen, dem späteren Maximilian I., einen Namen zu geben, dann hing das u. a. hiermit zusammen. Denn Namen wurden ebenfalls gedeutet. Die königlichen Kinder bekamen eine lange Reihe von Namen, sodass jede kabbalistische Auswertung praktisch unmöglich wurde. Was die so genannten Geburtsbilder, also Horoskope der Kaiser und Könige anging, so waren sie meistens gefälscht, wenn sie der Öffentlichkeit gezeigt wurden.

Im Laufe des 15. Jahrhunderts entwickelte sich die Astrologie im christlichen Abendland zu einer Kunst, die auch von den wohlhabenden Landbaronen und, in den Städten, von vermögenden Handwerker- und Kaufmannsfamilien genutzt wurde. Es handelte sich um eine sehr einfache Auslegung des Geburtsbildes am Himmel zum Zeitpunkt der Geburt eines Kindes. Man hatte nicht die exakten Positionen der Wandelsterne wie Venus, Merkur, Mars, Jupiter und Saturn zur Verfügung, sondern begnügte sich mit Himmelsabschnitten, in denen zum Beispiel ein Mars einem »guten« oder »schlechten« Schein ausgesetzt war.

Später, als durch den dänischen Astronom und Mathematiker Tycho Brahe (1546–1601) die Berechnung der Gestirnsstände möglich wurde, veränderte sich die Astrologie, weil man nicht mehr auf die reine Beobachtung des Nachthimmels angewiesen war. Damit war der Nachteil der nördlicher gelegenen Regionen ausgeglichen, weil man fortan auch bei bedecktem Himmel den Stand der damals bekannten Wandelsterne berechnen konnte.

Die Fragen, die die wohlhabenden Klienten an den Astrologen stellten und die meist den männlichen Nachkommen galten, ergaben sich aus den damaligen Lebensbedingungen:

- Wird das Kind ein kurzes oder ein langes Leben haben?
- Was wird aus ihm werden? Ein angesehener Bürger? Oder wird das Kind durch die Umstände zum Bettler, Dieb oder gar Räuber?
- Wird sein Leben durch Krankheit gefährdet?
- Wird es einen leichten oder einen schweren Tod haben?
- Wird es unter Schmerzen an einer Krankheit sterben?
- Wird es ermordet werden?
- Muss der Knabe in den Krieg ziehen?
- Gerät er in Gefangenschaft?
- Wird er schuldig oder unschuldig in den Kerker geworfen werden?
- Wird er hingerichtet werden?

Galten die Fragen einem kleinen Edelfräulein, lauteten sie oft folgendermaßen:

- Wird sie reich heiraten?
- Wird sie einen einflussreichen Mann heiraten?
- Sollte man die Mitgift in Raten auszahlen, weil ein früher Tod angezeigt ist?
- Wie viele Kinder wird sie bekommen?
- Wird sie im Kindbett sterben?

Heute leben wir in relativ gesicherten Verhältnissen, die Gesundheitsversorgung ist garantiert; Kriege finden (noch) in sicherer Distanz statt; Armut ist zwar ein soziales Stigma, aber nicht mehr existenzbedrohend. Es sind daher nicht mehr die Fragen nach dem »Schicksal« eines Menschen, die bei einem Horoskop im Vordergrund stehen, sondern was die westlichen Menschen heute interessiert, sind die Fragen nach Liebe, Glück und Geld, wenn möglich in Form eines riesigen Lottogewinns. Wir leben in einer Demokratie; die Obrigkeit gilt im Großen und Ganzen als gerecht.

Trotzdem ist unser Verhältnis zur Obrigkeit für unser Leben entscheidend. Es ist daher immens nützlich zu wissen, was wir in Zukunft von ihr zu erwarten haben. Der Staat will von uns Steuern und Abgaben. Er reglementiert unser Verhalten im Straßenverkehr, macht detaillierte Vorgaben, wenn wir ein Haus bauen wollen oder ein Geschäft gründen möchten. Ändert sich die Vorgehensweise des Staates, hat das unmittelbare Folgen für uns. Gesetzesreformen im Bereich Finanz-, Gesundheits- und Sozialpolitik verändern unseren Alltag und unsere Zukunft, ob wir wollen oder nicht. Schon von alters her pauken Eltern ihren Kindern ein, sich niemals auf die Gesetze eines Souveräns zu verlassen, denn sie könnten irgendwann geändert werden und so das Vermögen dezimieren.

Aber es sind ja nicht nur diese großen, alle Bürger betreffenden Umwälzungen, es gibt auch viele kleine Ereignisse, die Auswirkungen auf unser Leben haben und uns Entscheidungen abverlangen.

- Wir haben ein Knöllchen bekommen. Ist es wirklich ratsam, dagegen Protest einzulegen?

- Wir haben einen Bauantrag an unseren Landkreis gestellt, dessen Bearbeitung sich in die Länge zieht. Ist es klug, der Behörde gegenüber forsch aufzutreten, oder sollten wir uns lieber in Geduld fassen?

- Wir versuchen im zweiten Anlauf, das Staatsexamen zu machen. Sollten wir uns dieses Jahr für die Prüfung anmelden oder damit lieber noch warten?

Ob Kindergarten, Schule, Ausbildung, Studium, Beruf, Heirat – es gibt tatsächlich keine Phase unseres Lebens, die nicht von unserem Verhältnis zum Staat tangiert würde.

Ob wir vor Gericht gehen oder vor Gericht gezerrt werden, ob wir die Führerscheinprüfung machen oder ein Geschäft eröffnen: Der Staat ist unser Gegenspieler. Dies ist nicht in negativem Sinne gemeint. Ganz einfach gesagt: Der Staat entscheidet, ob er geben oder nehmen wird. Wenn wir unser Verhältnis zur Obrigkeit richtig einzuschätzen vermögen, dann können wir alles dafür tun, dass sich der Staat in unserem Sinne entscheiden wird. Und auch für den Fall, dass wir keine Chance haben, unsere Interessen durchzusetzen, ist es gut, darum zu wissen. Denn so vergeuden wir keine Energie für einen aussichtslosen Kampf.

Sollten Sie selbst Beamter sein, finden Sie in diesem System der Staatsastrologie nach dem Astro-Code des Nostradamus Hinweise, die sich auf Sie persönlich und Ihren Arbeitgeber Staat beziehen.

Tausende von »Staatshoroskopen« wurden von uns nach der Methode des Astro-Codes erarbeitet und ausgewertet. Hierbei zeigte sich, dass man die Grundregeln des Nostradamus auch in heutiger Zeit zur Deutung heranziehen kann (also die Neumond- und Vollmondkonstellationen sowie die Konstellationen der Sonnen- und Mondfinsternisse in Beziehung gesetzt zu den Weltachsen im Allgemeinen und zu den Weltachsen in den Horoskopen für Deutschland, Österreich und der Schweiz im Besonderen). Verändert haben sich die Probleme, die Formulierungen, welche man bei der Deutung gebraucht, sowie bestimmte Konstellationen. So lässt sich die Analyse des Verhältnisses Staat – Untertan auch auf das Verhältnis Vorgesetzter – Untergebener übertragen. Daher finden Sie im Deutungsteil auch Hinweise dazu, wie sich die Beziehung zu Ihrem Arbeitgeber gestalten wird. Ich verwende hier der Einfachheit halber die männliche Form »der Vorgesetzte« und »der Chef«, meine damit natürlich aber auch die weiblichen Vorgesetzten.

Nachfolgend finden Sie die Auswertungen dieser Deutung für die Dekade (= den Zehn-Tage-Abschnitt) Ihres Tierkreiszeichens, in der Sie geboren wurden.

Ihr persönliches Tierkreis-Horoskop für die nächsten zehn Jahre nach dem Astro-Code des Nostradamus

Widder

1. Dekade vom 21. bis 31. März

2005 Im Umgang mit dem Staat und seinen Ämtern besteht für dieses Jahr eine »Verlusttendenz«. Möglicherweise ergibt sich eine Situation, in der Sie aus übertriebener Beharrlichkeit oder blankem Leichtsinn entscheidende Dinge übersehen. Nostradamus würde Ihnen raten, sich in diesem Jahr dem Staat gegenüber so diszipliniert wie möglich zu verhalten.
Sie erkennen Fehlentscheidungen, die aus dem Unvermögen Ihres Vorgesetzten resultieren, und sollten sehr zurückhaltend darüber sprechen. Weibliche Vorgesetzte werden Ihnen in diesem Jahr behilflich sein.

2006 Der Staat und seine Amtspersonen hemmen Ihre Aktivitäten weiterhin. Nostradamus würde Ihnen raten, alles zu tun, damit Ihre Lebenskräfte nicht erlahmen. Die Entwicklung hat ihren Tiefpunkt erreicht, es geht jetzt wieder aufwärts.
In diesem Jahr erhalten Sie auffallend viele gute Ratschläge und Unterstützung von ehemaligen Vorgesetzten. Suchen Sie nach Kontakten zu Ihren Vorgängern.

2007 Ihre Abneigung gegen alles, was mit Behörden zu tun hat, wird zu schäumendem Übermut. Sie entwickeln sich zu einem Fordernden, der mit seiner Chuzpe auch Erfolg haben wird. Nostradamus würde Ihnen dennoch raten, allzu herausfordernde Stellungnahmen zu vermeiden.
Es ist ein Jahr der Chancen. Sie können mit Ihrem Vorgesetzten gut verhandeln und verstehen seine Denkweise besser.

2008 Ihr Verhalten ist durch Anspruchsdenken und hohe Erwartungen an den Staat und seine Ämter gekennzeichnet. Aus der Fülle wächst die Begierde, daher würde Ihnen Nostradamus raten, sich auf Umwälzungen einzustellen und im Augenblick keine leichtsinnigen Forderungen zu stellen.
Von Persönlichkeiten, die weit über Ihrem Chef oder Vorgesetzten stehen, können Sie Hilfe und Förderung erwarten. Die Zeit ist günstig, um sich einen guten Namen bei Ihrem Vorgesetzten zu machen.

2009 Grundlegende Veränderungen in Ihrem Verhältnis zum Staat und seinen Ämtern stehen an. Nostradamus würde Ihnen raten, sich aus jeder Behördenfehde herauszuhalten und auch nicht als Zeuge zur Verfügung zu stehen.
Sie könnten Probleme mit einem neuen Vorgesetzten bekommen. Bei der Zuweisung von Aufgaben oder der Abgrenzung von Kompetenzbereichen sollten Sie Zurückhaltung üben.

2010 Im Umgang mit dem Staat und seinen Ämtern sollten Sie sich in Geduld fassen. Vermeiden Sie es, Beamte gegeneinander auszuspielen, dies würde Ihnen zum Nachteil gereichen. Nostradamus würde Ihnen raten, sich auf unangenehme Forderungen vom Staat einzustellen.
Das Jahr ist von Routine geprägt. Ihre Chancen erwachsen aus neuen Aufgaben, die sich in den nächsten Monaten zeigen werden.

2011 Ihre Denkweise lässt sich nicht mit der der Ämter in Einklang bringen. Ihr leidenschaftliches Engagement könnte Überreaktionen bei den Beamten provozieren. Nostradamus würde Ihnen raten, spätestens nach der ersten Ablehnung mit völlig neuen Ideen Ihre Wünsche durchzusetzen.
Durch den Aufbau von neuen Abteilungen oder durch die Versetzung in eine andere Abteilung haben Sie viele Chancen. Sie entwickeln in diesem Jahr nützliche Ideen, wie Sie mit Ihrem Vorgesetzten besser zurechtkommen.

2012 Eine Periode, in der Sie aktiv mit den Institutionen des Staates umgehen und Ihren Willen geschickt durchsetzen können. Nostradamus würde Ihnen raten, jede Angelegenheit von außen und von innen zu betrachten, weil Sie auf diese Weise Ihre Chancen besser nutzen können.
In diesem Jahr werden allgemein die Befugnisse eingeschränkt. Sie bilden keine Ausnahme. Dennoch wird das emsige Treiben Ihrer Vorgesetzten Sie nervös machen.

2013 Der Staat und seine Ämter können Sie in dieser Periode verunsichern. Ihr Sicherheitsbedürfnis ist nicht befriedigt, sodass Sie sich hektisch um Lösungen bemühen. Nostradamus würde Ihnen raten, sich nur in ausgeglichenem Seelenzustand den Behörden zu nähern, weil Sie sonst mit Behinderungen zu rechnen haben.
Sie verärgern Ihre Vorgesetzten, weil Sie immer wieder in Situationen geraten, in denen Sie eigenständig Entscheidungen treffen müssen, ohne mit der Chefetage Rücksprache halten zu können.

2014 Unerwartete Ereignisse können Ihr Verhältnis zu den Behörden auf den Kopf stellen. Es geht um Vorfälle, die im weitesten Sinne mit Verdrängung zu tun haben. Nostradamus würde Ihnen raten, in Bezug auf den Staat und seine Ämter keine weit-

reichenden Entscheidungen anzustreben, die derzeit wie eine Zeitbombe wirken würden, sondern sich auf überschaubare Aspekte zu beschränken.
Ihre Vorgesetzten lassen Sie in diesem Jahr in Ruhe. Beruflich wird sich nichts Außergewöhnliches ereignen.

2015 In dieser Phase ist eine besonders große Abhängigkeit vom Staat und den Behörden angezeigt. Die Beamten bewerten Ihr Durchsetzungsvermögen als Größenwahn. Nostradamus würde Ihnen raten, dass Sie sich in ungewöhnlich hohem Maße der Macht des Staates unterordnen müssen.
Rechnen Sie in diesem Jahr mit Behinderungen durch Gerüchte, denen Ihr Chef ein offenes Ohr leihen wird. Sie können in diesem Jahr nicht aus einer Position der Stärke agieren.

2. Dekade vom 1. bis 10. April

2005 Es wird ein Jahr der unterdrückten Aggressionen gegenüber dem Staat und seinen Behörden. Der verdrehte Standpunkt wird Ihnen zu schaffen machen. Nostradamus würde Ihnen raten, die Lösung von Konflikten mit der Obrigkeit aktiver zu betreiben. Sie wissen, was Sie wollen, und können dies auch geschickt durchsetzen.
Das Verhältnis zu Ihren Vorgesetzten ist durch Missverständnisse in der Einschätzung Ihrer beruflichen Perspektiven getrübt. »Man« will nicht.

2006 Sie wenden sich in diesem Jahr mit unrealistischen Vorstellungen an den Staat. Zudem versuchen Sie Ihre Ziele mit zuviel Nachdruck durchzusetzen. Nostradamus würde Ihnen raten, zurückhaltend zu agieren, um zerstörerische Reaktionen zu vermeiden.

Ein positives Jahr für Sie, wenn Sie aus den Gesprächen mit Ihren Vorgesetzten die richtigen Schlüsse ziehen. Die Neumondphasen sind günstig für berufliche Anfragen jeder Art.

2007 Ein Jahr, das Ihr Verhältnis zur Obrigkeit nicht verbessern wird. Sie sind wütend und sollten sich in dieser Stimmung nicht mit Amtspersonen anlegen, denn Ihre eiskalte Art bringt Ihnen keine Vorteile. Nostradamus rät Ihnen, im Hintergrund zu bleiben und andere Personen für sich agieren zu lassen.
Bei allem Fleiß und Können benötigt man im Beruf auch Glück. Das haben Sie in diesem Jahr.

2008 In diesem Jahr ist Ihr Wille zur Tat sehr ausgeprägt. Sie wollen etwas vom Staat und seinen Institutionen und werden alles daransetzen, es auch zu bekommen. Nostradamus würde Ihnen raten, diese Periode voll Energie zu nutzen.
Dieses Jahr ist günstig für Ihre Karrierepläne und für Gespräche mit Ihren Vorgesetzten. Um Neumond stehen Sie bei Ihrem Chef besonders hoch im Kurs.

2009 Die Behörden können Ihnen in diesem Jahr zum sozialen Aufstieg verhelfen. Dies wird nicht ohne Streit abgehen. Nostradamus würde Ihnen raten, auf die Hintergründe Ihres Aufstiegs genau zu achten. Darin liegt ein Schlüssel zu Ihrer Zukunft.
Versuchen Sie, zu Ihrem Vorgesetzten auf eine »gesunde« Distanz zu gehen. Es läuft manchmal anders, als Sie denken, weil externe Umstände die Sachlage ändern könnten.

2010 Was bringt es Ihnen, wenn Sie Ihre Ziele bei den Ämtern mit Heuchelei erreichen? Sie haben ein gutes Jahr, weil Ihr Mut und Ihre Unternehmungslust Ihnen helfen, neue Wege einzuschlagen. Nostradamus würde Ihnen raten, Ihre augenblickliche

Wendigkeit zu nutzen, um unerwarteten Angriffen von Behördenseite geschickt auszuweichen.
Ihre Karriere legt in diesem Jahr eine Pause ein. Es ist wenig sinnvoll, damit zu hadern.

2011 Zwischen Ihnen und dem Staat kommt es in diesem Jahr zu explosiven Meinungsverschiedenheiten. Verluste sind möglich. Nostradamus würde Ihnen raten, sehr genau zu planen, die Umstände zu bedenken und lieber einmal weniger zu handeln als den Beamten gegenüber zu oft negativ aufzufallen.
Veränderungen innerhalb Ihrer Firma oder Ihres Amtes sind für dieses Jahr angezeigt. Sie sollten nach Neuland in Ihrem jetzigen Beruf suchen oder völlig neue Berufsideen entwickeln.

2012 Es ist eine Periode, in der sich für Ihre Zukunft vieles entscheidet. Achten Sie auf die Hintergrundaspekte und verfolgen Sie beharrlich Ihre behördlichen Anliegen. Nostradamus würde Ihnen raten, in dieser Zeit die Vollendung Ihrer Zukunftspläne voranzutreiben.
Halten Sie sich in diesem Jahr beruflich zurück. Sie haben keine Vorteile, wenn Sie sich profilieren. Ihr Chef wird Sie in diesem Jahr nicht fördern.

2013 Der Staat zwingt Sie zur Erneuerung und zerschlägt das von Ihnen angestrebte Gleichgewicht. Rechnen Sie in dieser Periode mit Beschränkungen. Nostradamus würde Ihnen raten, die Forderungen der Ämter und Behörden nicht zum Anlass für überzogene Reaktionen zu nehmen.
Suchen Sie in diesem Jahr kontinuierlich das Gespräch mit Ihren Vorgesetzten, um mögliche Entscheidungen im Voraus besprechen zu können. Es ist für Sie kein Jahr der freien Entscheidungen.

2014 Zwischen Ihnen und den staatlichen Institutionen könnte es zu einem Autoritätskonflikt kommen. Diese Phase ist von Ungeduld geprägt. Sie wollen Stabilität und Sicherheit für Ihre Entscheidungen und bekommen beides nicht. Nostradamus würde Ihnen raten, Ihre unterdrückte Wut nicht zu zeigen. Sie schaden sich nur selbst, wenn Sie Ihre Ziele auf Biegen und Brechen erzwingen wollen.
Mit Ihren Vorgesetzten kommen Sie in diesem Jahr zwischen kurzen Aktivitäten nur im Routineablauf des Tagesgeschäftes in Kontakt.

2015 Sie versuchen, den Staat und seine Ämter »auszutricksen«. Hierbei kommt Ihnen zugute, dass Sie in dieser Zeit viel Pfiffigkeit im Umgang mit Behörden entwickeln. Rechnen Sie dennoch damit, dass Sie Ihre Ansprüche nicht durchsetzen können. Nostradamus würde Ihnen raten, bei Ablehnung oder Behinderung Ihrer Vorhaben nicht dem Drang nach Vergeltung nachzugeben. Sie würden nur die Macht des Staates zu spüren bekommen.
Das Bild, das sich Ihre Vorgesetzten von Ihnen machen, ist in diesem Jahr nicht besonders vorteilhaft. Sie müssen mit Intrigen rechnen und auf der Hut sein.

3. Dekade vom 11. bis 20. April

2005 Sie fühlen sich vom Staat ungerecht behandelt. Dadurch ist Ihre Urteilsfähigkeit eingeschränkt, und Sie laufen Gefahr, in eine Sackgasse zu geraten oder in eine Falle zu tappen. Nostradamus würde Ihnen raten, bei schriftlichen und mündlichen Erklärungen gegenüber Behörden und Vorgesetzten auf der Hut zu sein.
Kalkulieren Sie in diesem Jahr Spannungen im Verhältnis zu

Ihrem Chef ein. Ihre Probleme sind hausgemacht: Sie resultieren aus Ihrer eigenen Indiskretion.

2006 Durch übertriebene Zielstrebigkeit im Umgang mit der Obrigkeit könnten Sie ins Abseits geraten. Nostradamus würde Ihnen raten, möglicherweise überhöhte Ansprüche an den Staat zu vermeiden.
Sie bekommen Hilfe, weil man der Ansicht ist, dass Sie diese verdient haben. In diesem Jahr wird es Ihnen leicht gemacht, ein gutes Verhältnis zur Ihren Vorgesetzten zu entwickeln.

2007 Dieses Jahr ist Ihnen das Glück im Umgang mit Behörden hold. Gleichzeitig leiden Sie unter einer launischen Unentschlossenheit. Nostradamus würde Ihnen raten, sehr vorsichtig mit diesem Zwiespalt umzugehen, denn Sie müssen mit Veränderungen rechnen.
Ein kleines Stück vom Karriere-Glück können Sie jeweils zu den Vollmonden dieses Jahres für sich beanspruchen. Sie werden feststellen, dass Ihre Vorgesetzten in dieser Zeit sehr aufgeschlossen sein werden.

2008 Erfolge ziehen Begehrlichkeiten nach sich. Stecken Sie sich in diesem Jahr keine überhöhten Ziele. Der Staat und seine Diener werden sich nicht mehr so offen zeigen und alle Ihre Forderungen erfüllen. Nostradamus würde Ihnen raten, mit Missverständnissen zu rechnen und diese schnell zu klären.
Ihr Durchsetzungsvermögen imponiert Ihren Vorgesetzten. Bremsen Sie sich jeweils um die Vollmondphase, denn ein Zuviel ist auf längere Sicht nicht günstig.

2009 Sie fordern in diesem Jahr von der Obrigkeit alles, und zwar sofort. Ihr Verhalten ist für die Behörden undurchschaubar.

Nostradamus würde Ihnen raten, bei jeder Aktivität in Bezug auf die Behörden auf Netz und doppelten Boden zu achten.
Es ist kein Jahr der großen Karrieresprünge für Sie. Ihre Vorgesetzten stellen wohlwollend fest, wie korrekt Sie die Ihnen gestellten Aufgaben abarbeiten.

2010 Das süße Nichtstun wird möglich, weil Sie vom Staat in Ruhe gelassen werden. Es gibt jedoch erste Anzeichen, dass Ihre leichtsinnigen Forderungen an die Behörden Ihnen Nachteile bringen könnten. Nostradamus würde Ihnen raten, den Kontakt zu den Beamten zu minimieren.
Achten Sie bitte auf Signale, die Ihnen neue Perspektiven außerhalb Ihres derzeitigen Arbeitsplatzes aufzeigen. In diesem Jahr kann es sinnvoll sein, an berufliche Veränderungen zu denken.

2011 Der Staat und seine Behörden verlangen von Ihnen mehr, als Sie geben können. Zähes Durchstehvermögen ist angezeigt. Nostradamus würde Ihnen zu Geduld raten, denn Ihr gesellschaftlicher Aufstieg kommt gewiss.
Jeweils um Neumond werden Sie in diesem Jahr mit Neuigkeiten konfrontiert. Ihr Verhältnis zu Ihren Vorgesetzten beginnt sich zu verschlechtern.

2012 Sie sind in Rangeleien und Widersprüche mit dem Staat verstrickt. Egoismus auf beiden Seiten ist angezeigt. Das hat mit Erfolglosigkeit nichts zu tun, sondern wird die angestrebten Resultate nur verzögern. Nostradamus würde Ihnen raten, genau auf die Sprache der Beamten zu achten, denn davon hängt Ihr Erfolg im Umgang mit den Staatsdienern ab.
Ihre Vorgesetzten erwarten in diesem Jahr, dass Sie sich unterordnen. Damit haben Sie große Schwierigkeiten und müssen daher mit Nachteilen rechnen.

2013 Eine Zeit der Verstimmung liegt vor Ihnen. Die Obrigkeit versetzt Sie in Unruhe, ja bereitet Ihnen sogar Beklemmung. Sie verstehen die Behörden nicht. Nostradamus würde Ihnen raten, sich mit diplomatischem Einfühlungsvermögen die nötigen Informationen zu besorgen. Es herrscht Frustration mangels Klarheit.
Ihr Vorgesetzter könnte Ihnen Schwierigkeiten bereiten, weil Sie zu eigenständig arbeiten. Halten Sie sich zurück.

2014 Veränderungen stehen an. Der Staat zwingt Sie zu Entscheidungen. Die Situation dürfte eher verkrampft als gelöst sein. Nostradamus würde Ihnen raten, völlig rational zu agieren. Würden Sie im Mittelalter leben, hätte Nostradamus von der Gefahr der öffentlichen Auspeitschung gesprochen.
Während der Neumondphasen dieses Jahres können Sie mit unerwarteten Reaktionen Ihrer Vorgesetzten rechnen. Dies trifft Sie nicht persönlich, aber es wirkt sich auch auf Sie aus.

2015 In dieser Periode läuft es für Ihre Vorhaben überraschend gut mit dem Staat und seinen Behörden. Erfolge könnten Sie jedoch eitel und prahlerisch werden lassen. Nostradamus würde Ihnen raten, sich nicht an die Tische von Menschen mit revolutionären Ideen zu setzen, denn Sie wären der Erste, der den Beamten auffallen würde.
In den Neumondphasen dieses Jahres sollten Sie sich beruflich bewusst in den Vordergrund spielen. Die Pfründen werden neu verteilt. Es liegt an Ihnen, ob Sie dabei bescheiden oder selbstbewusst auftreten.

Stier

1. Dekade vom 21. bis 30. April

2005 Sie können in diesem Jahr solide Erfolge im Umgang mit Behörden und Vorgesetzten vorweisen. Eitelkeiten in der Selbstdarstellung könnten jedoch zu unnötigen Ausgaben wie höheren Steuerzahlungen oder Vermögensverlusten durch Abbau von Vergünstigungen führen.
In diesem Jahr haben Sie von Ihren Vorgesetzten wenig zu erwarten. Sie müssen selbständig handeln. Bloße Interventionen werden sich allerdings als nutzlos erweisen.

2006 Sie sind im höchsten Maße verärgert über den Staat. Nostradamus würde Ihnen raten, nicht passiv zu bleiben, sondern das Beste für sich herauszuholen.
Ein Jahr, in dem Ihr Vorgesetzter kaum Interesse an Ihnen zeigt. Halten Sie sich zurück.

2007 Sie streiten mit dem Staat, seinen Behörden und Beamten. Nostradamus würde Ihnen raten, sich nicht dem Trugschluss hinzugeben, Sie hätten den Sieg für sich gepachtet. Vorsicht!

Ihr Chef zeigt sich Ihnen gegenüber wohlwollend. Insgesamt hat Ihre Firma, Abteilung, Ihr Amt mit Angriffen von außen zu rechnen.

2008 Sie sollten in diesem Jahr Unternehmungen starten, bei denen der Staat oder die Ämter mitreden oder -entscheiden. Es wird eine gute Periode für Sie. Nostradamus rät Ihnen, alle bürokratischen Angelegenheiten mit viel Selbstvertrauen noch in diesem Jahr abzuarbeiten.
Auch in diesem Jahr können Sie mit einer positiven Einstellung Ihres Vorgesetzten Ihnen gegenüber rechnen. Die Zeit ist günstig, um über eine Beförderung zu sprechen.

2009 Erfolge im Umgang mit dem Staat und seinen Dienern machen Sie übermütig. Nostradamus würde Ihnen raten, jeden aufkommenden Leichtsinn zu bremsen. Sicherheit und Fülle sind selten von Dauer. Sie könnten Ihre Handlungen sonst bereuen.
Rechnen Sie in diesem Jahr mit einer überraschenden Entscheidung eines Vorgesetzten in Bezug auf Ihre Karriere.

2010 Die Behörden könnten Sie einschüchtern. Auseinandersetzungen mit Beamten sind in diesem Jahr möglich. Nostradamus würde Ihnen raten, sich nicht beleidigt zurückzuziehen, sondern offensiv gegen die Argumente der Behörden anzugehen.
Ihr Vorgesetzter ist mit einer seiner Aufgaben überfordert. Darunter werden Sie in diesem Jahr zu leiden haben.

2011 In diesem Jahr erwartet Sie Streit mit Beamten auf der ganzen Linie. Ihr Motiv, für Ordnung und Gerechtigkeit zu sorgen, wird vom Staat und seinen Bediensteten ignoriert. Nostradamus würde Ihnen raten, erst alle Möglichkeiten durchzuspielen, ehe Sie handeln, sonst droht Ihnen eine staatlich verfügte Beschränkung.

Ihr Vorgesetzter ist nicht fähig, seine Aufgaben zu erfüllen. Dies ist eine kritische Situation für Sie, die sich besonders in den Neumondphasen auswirken dürfte.

2012 Sie möchten den Verlauf der Dinge gewaltsam erzwingen. Überprüfen Sie Ihre Selbsteinschätzung, denn Sie müssen mit Missverständnissen, Lügen und Irrtümern rechnen. Nostradamus würde Ihnen raten, sich keinen trügerischen Hoffnungen hinzugeben. Gehen Sie in kleinen Schritten vor.
Sie sind bei Ihrem Vorgesetzten beliebt. Es empfiehlt sich trotzdem, dem Chef sehr zurückhaltend zu begegnen.

2013 Unergründliches im Umgang mit dem Staat steht Ihnen ins Haus. Auslöser sind Entscheidungen aufgrund mangelnder Informationen durch Beamte. Eine Periode der Änderungen und des Wandels. Nostradamus würde Ihnen raten, sich mit guten Ratgebern zu umgeben.
In diesem Jahr müssen Sie mit »Sperrfeuer« durch Vorgesetzte rechnen. Dies ist weder gut noch schlecht für Sie.

2014 Das zähe Beharren gegenüber dem Staat und seinen Entscheidungen kann für Sie Ordnung und Macht bedeuten. Gleichzeitig sollten Sie jeden unbegründeten Führungsanspruch vermeiden, denn in den Amtsstuben lauern verdeckte Feinde. Nostradamus würde Ihnen raten, sich auf einen großen »Knall« einzustellen, weil Sie durch Intrigen Schaden erleiden könnten.
In diesem Jahr spüren Sie im Beruf Macht und Einfluss einer Staatsbehörde oder eines Beamten. Dies kann Angelegenheiten betreffen, die sich in einer Privatfirma entwickeln oder, falls Sie beamtet sind, direkt mit Ihrem Arbeitsplatz zu tun haben.

2015 Ihnen wird in dieser Periode gesellschaftliche Anerkennung zuteil. Sie erreichen den Gipfel Ihrer Ziele, gemessen an

Ihren Möglichkeiten. Nostradamus würde Ihnen raten, in dieser Phase mit klugen Schachzügen Ihre Zukunft zu planen.
Dieses Jahr steht für Sie unter dem Motto »Stillstand und Neubeginn«. Das betrifft vor allem Ihre berufliche Situation.

2. Dekade vom 1. bis 9. Mai

2005 Ein Konflikt zwischen der staatlichen und der betrieblichen Ordnung lässt alte Wunden wieder aufbrechen. Nostradamus würde Ihnen raten, die Veränderung des Status quo voranzutreiben.
Beobachten Sie Ihren Chef. Ihre Chance ist gekommen, und Sie können im richtigen Augenblick die richtige Forderung stellen. Hierfür ist die Vollmondphase besonders geeignet.

2006 In diesem Jahr können Sie durch geschickte Offensiven und Cleverness Ihre Ansprüche an den Staat durchsetzen. Nostradamus würde Ihnen raten, unbedingt jetzt erste Schritte einzuleiten, um Ihre Ziele noch in diesem Jahr zu erreichen.
Sie können in diesem Jahr mit der Protektion durch ranghohe Vorgesetzte rechnen. Ein gutes Jahr für Ihre Karriere.

2007 Ihre Glückssträhne im Umgang mit der Obrigkeit setzt sich in diesem Jahr weiter fort. Nostradamus würde Ihnen raten, neue Projekte, bei denen die Zustimmung des Staates erforderlich ist, in diesem Jahr anzuschieben.
Rechnen Sie weiterhin mit Wohlwollen und Förderung durch Ihren Vorgesetzten. Mehr Zurückhaltung gegenüber Ihren Kollegen wäre ratsam.

2008 Im Laufe dieses Jahres kommt es zu ersten Störungen in Ihrem guten Verhältnis zu Amtspersonen. Ursache sind Missver-

ständnisse und daraus folgend Verweigerung Ihrerseits. Nostradamus würde Ihnen raten, mit den Ämtern zu kooperieren, auch wenn Sie von dieser Art des Agierens wenig halten.
Ihr Vorgesetzter wird durch Einflüsse von außen Ihnen gegenüber sehr offen sein. Sprechen Sie mit ihm und nutzen Sie Ihre guten Chancen.

2009 Sie werden in diesem Jahr Probleme mit Behörden haben oder mit der Gruppe, zu der Sie sich zählen. Nostradamus würde Ihnen raten, Ihre Unzufriedenheit nicht im Kollektiv zu äußern. Sonst heißt es »mitgefangen – mitgehangen«.
Ihr Vorgesetzter legt keinen Wert auf ein gutes Verhältnis zu Ihnen. Es ist ein Jahr der Arbeit ohne Anerkennung.

2010 Versuchen Sie zu antizipieren, aus welcher Ecke Ihnen behördliche Probleme drohen könnten. Viel Raffinesse ist im Spiel. Der Staat bereitet Ihnen viel Ärger. Nostradamus würde Ihnen raten, jedes Schriftstück sehr genau zu lesen, damit Sie nicht in eine Falle tappen.
Sie sind Ihrem Vorgesetzten gegenüber kritisch, nervös und umstürzlerisch. Überlegen Sie in diesem Jahr genau, was Sie wollen und wie Sie vorgehen, um Ihre Ziele zu erreichen.

2011 Der Staat und seine Beamten dürften Sie in dieser Periode zum Rückzug zwingen. Sie sind nur dann stark, wenn sie aus einem Kollektiv heraus agieren. Nostradamus würde Ihnen raten, sich fern von Unruhestiftern zu halten und Ihre Schlagfertigkeit nicht aggressiv gegenüber Staatsdienern einzusetzen.
An Ihrem Arbeitsplatz ist »der Wurm drin«. Ob Ihr Vorgesetzter der Wurm ist? Analysieren Sie die Situation, die sich für Sie daraus ergeben wird.

2012 Sie gehen sehr launenhaft mit dem Staat und seinen Behörden um. In dieser Periode leiden Sie unter Haarspaltereien und doppelzüngigen Argumenten von Seiten der Beamten. Nostradamus würde Ihnen raten, sich nicht zu emotionalen Reaktionen hinreißen zu lassen. Sie müssen wissen, wer in den Ämtern für und wer gegen Sie ist.
In diesem Jahr sollten Sie beruflich kleine Brötchen backen. Beobachten Sie die Lage. Ihr Vorgesetzter will die absolute Nummer eins sein.

2013 Ihr Verhältnis zum Staat und seinen Ämtern gleicht weiterhin einem Tauziehen, ohne dass ein Ende abzusehen wäre. Nostradamus würde Ihnen raten, sich auf Gespräche mit Beamten sehr gut vorzubereiten und Ihre Strategie von Experten bestätigen zu lassen.
Ihre Vorgesetzten erwarten stillschweigend von Ihnen, dass Sie selbständig handeln, sprechen es aber nicht aus.

2014 Sie erhalten Anerkennung vom Staat und seinen Institutionen. Nützlich für Sie in dieser Periode ist Ihr Scharfblick: Sie sehen die Zusammenhänge. Nutzen Sie die von Ihnen erkannten Gesetzmäßigkeiten. Nostradamus würde Ihnen raten, die Gunst der Stunde für sich zu nutzen. Bedenken Sie, dass so eine Phase nicht ewig währt, und kalkulieren Sie erste Niederlagen ein.
Sie haben ein Jahr ohne große Aufregung im Beruf zu erwarten. Es wird sich nichts Nennenswertes für Sie verändern.

2015 Es eröffnen sich neue Möglichkeiten. Die Behörden sind offen für Ihre Ziele. Rechnen Sie aber mit der Begrenzung durch äußere Umstände, die Sie nicht zu verantworten haben. Nostradamus würde Ihnen raten, nicht auf Rechten zu beharren, die Ihnen zu diesem Zeitpunkt niemand garantieren kann.
Sie befinden sich in diesem Jahr in einer Phase des Durch-

atmens. Weder von Ihren Vorgesetzten noch von Ihnen selbst kommen Impulse zu irgendwelchen Veränderungen.

3. Dekade vom 10. bis 20. Mai

2005 Ein Jahr, in dem Sie sehr empfindlich auf alle Einwände von Behörden und Vorgesetzten reagieren. Eine geschickte Offensive würde Sie weiterbringen. Das Gefühl, im Einklang mit dem politischen Tagesgeschehen zu handeln, lässt Sie in diesem Jahr sehr aktiv werden.
Ihr Chef wird in diesem Jahr auf Sie hören. Ihre Ratschläge müssen allerdings gut durchdacht sein, wenn Sie weiterkommen wollen.

2006 In diesem Jahr sollten Sie mit zähem Durchhaltevermögen eine mögliche Periode der Einschränkung durch den Staat überwinden können. Nostradamus würde Ihnen raten, keine ziellosen Wege zu beschreiten, um die Herausforderung zu meistern. Sie sollten sich fragen, was wirklich für Sie gut ist, und danach handeln.
Rechnen Sie mit Behinderungen durch Kollegen. Ihr Chef sieht Sie in diesem Jahr verzerrt.

2007 Ein Jahr der Sorglosigkeit. Der Trend zeigt jedoch an, dass Sie vom Staat mit Forderungen konfrontiert werden, denen Sie sich nicht entziehen können. Nostradamus würde Ihnen raten, keine unüberlegten Entscheidungen zu treffen.
Ihr Arbeitsbereich gerät in diesem Jahr in Turbulenzen. Ihre Vorgesetzten werden darüber nicht sehr erfreut sein.

2008 Lockrufe, immer wieder Lockrufe. Es ist eine Periode, in der Sie sich in den Haken und Ösen der Ämter und des Staates

verfangen könnten. Sie könnten vor Entweder-oder-Entscheidungen gestellt werden. Nostradamus würde Ihnen raten, Ihre derzeitige Neigung zu schnellen intellektuellen Reaktionen zu zügeln.
Ihr Vorgesetzter könnte in diesem Jahr durch falsche Wortwahl irritiert sein. Rechnen Sie vor allem in den Neumondphasen mit kritischen Situationen.

2009 Ihr Verhältnis den Staatsdienern gegenüber ist zwiespältig. Reibereien und Streit sind in diesem Jahr für Sie angezeigt. Nostradamus würde Ihnen raten, klare Vorgehensweisen zu erarbeiten und sich nicht einer launischen Unentschlossenheit hinzugeben. In diesem Jahr formen sich neue Schicksalsmuster für Ihr weiteres Leben.
Die Verhältnisse ändern sich für Ihren Vorgesetzten. Dies hat auch für Sie Auswirkungen. Sie sollten die Lage nüchtern einschätzen und mit Veränderungen rechnen.

2010 Bei der Obrigkeit werden Sie in dieser Periode nicht viel erreichen können. Trotzdem dürfte Ihr Ansehen bei Beamten steigen, d. h. Sie können mittelfristig einen guten Umgang mit den Ämtern erwarten. Nostradamus würde Ihnen raten, den richtigen Zeitpunkt für Behördengänge ermitteln zu lassen.
In diesem Jahr sollten Sie im Umgang mit Ihren Vorgesetzten behutsam sein. Die Situation in Ihrem Arbeitsbereich könnte durch äußere Umstände eskalieren.

2011 Diese Periode steht unter dem Zeichen eines Beziehungskonflikts, der durch Missverständnisse verursacht wird. Ämter und Beamte streiten mit Ihnen, weil Ihnen falsche Fakten vorliegen. Nostradamus würde Ihnen raten, jegliche Phrasendreschedrei im Umgang mit den Behörden zu vermeiden. Ihnen wird alles zu Ihren Ungunsten ausgelegt.

In diesem Jahr müssen Sie mit einem sehr gereizten, überkritischen Chef rechnen. Die Konstellationen sehen Sie dadurch im Nachteil.

2012 In diesem Jahr geraten sichere Positionen gegenüber dem Staat plötzlich ins Wanken. Eingegangene Risiken erweisen sich als problematisch. Nostradamus würde Ihnen raten, sich auf Hindernisse und Behinderungen durch Behörden einzustellen. Verlieren Sie jedoch nicht Ihr Selbstvertrauen.
Es gibt Schwierigkeiten in Ihrem direkten Arbeitsbereich. Sie sollten die Ursachen sehr genau analysieren und Ihrem Vorgesetzten erklären.

2013 Rechnen Sie in dieser Zeit mit dem Scheitern Ihrer Pläne. Der Staat und seine Ämter erweisen sich als beharrlich und Ihrem Verhandlungsgeschick verschlossen. Nostradamus würde Ihnen raten, genau hinzusehen und Ihre Energie nicht nutzlos zu vergeuden. Für Sie ändert sich viel.
In diesem Jahr werden Sie durch Vorgesetzte oder durch höhere Beamte in Ihrer beruflichen Entwicklung gehemmt. Richten Sie sich auf Verzögerungen ein.

2014 Die Phase der Selbstbehauptung endet. Der Staat und seine Beamten verschließen sich Ihren Anliegen gegenüber nicht mehr. Vermeiden Sie Gefühlsregungen in Verhandlungen. Sie werden einen Hang zur Abenteuerlust verspüren. Nostradamus würde Ihnen raten, das zu tun, was sich in dieser Periode als logisch darstellt.
Ein Jahr ohne besondere berufliche Ereignisse.

2015 Die verlockende Aussicht, alles erreichen zu können, wird Sie übermütig werden lassen. Der Staat und seine Ämter behindern Sie nicht. Es sind Umstände in Ihrer Umgebung, die Sie nicht zum Zuge kommen lassen. Nostradamus würde Ihnen raten, ohne zu zögern die Ursache zu beseitigen, sobald Sie sie erkannt haben.

In diesem Jahr endet eine Phase der Ruhe in beruflichen Angelegenheiten. Man reagiert auf alles, was Sie tun.

Zwilling

1. Dekade vom 21. bis 31. Mai

2005 Ein Jahr der Versuchung. Der Drang, gegen die Vorgaben von höherer Stelle zu rebellieren, brodelt in Ihrem Inneren. Vermeiden Sie Trugschlüsse im Umgang mit Behörden und Vorgesetzten. Versuchen Sie systematisch vorzugehen. Es ist eine Zeit, in der Sie ahnen, was auf Sie zukommt. Je schneller Sie merken, dass Ihre verworrene Vorgehensweise schwach ist, desto schneller sind Sie der Sieger.
Es herrschen klare Verhältnisse zu Ihrem Chef oder Vorgesetzten. Spannungen zwischen Kollegen in diesem Jahr könnten Sie betreffen.

2006 Ein Autoritätskonflikt, d. h. ein Streit mit Behörden, wird in diesem Jahr sichtbar. Nostradamus würde Ihnen raten, alle diesbezüglichen Entscheidungen mit klarem Verstand und nur mit schriftlicher Absicherung zu treffen.
Ein sehr positives Jahr für Sie im Beruf. Sie können Vorteile durch Gespräche mit Ihren Vorgesetzten erwarten.

2007 Ein Jahr, in dem Sie mit Verhandlungsgeschick bei den staatlichen Institutionen viel erreichen können. Nostradamus würde Ihnen raten, sich auf wenige, aber bedeutende Ereignisse zu konzentrieren. Durch zweideutige Forderungen riskieren Sie viel zu verlieren.
Sie haben alle Chancen, sich bei Ihren Vorgesetzten ins rechte Licht zu rücken. Bleiben Sie trotzdem zurückhaltend.

2008 In diesem Jahr zeichnen Sie sich durch Tapferkeit aus. Doch im Umgang mit dem Staat wäre Klugheit eine bessere Tugend. Nostradamus würde Ihnen raten, sich die Dinge genau anzusehen, für die Sie tapfer eintreten wollen.
In diesem Jahr haben Sie es mit Ihrem Chef oder Vorgesetzten nicht leicht. Missverständnisse sind angezeigt.

2009 Rechnen Sie mit einer Zeit, in der Sie unter den überzogenen Forderungen des Staates leiden werden. Durch Ihre Cleverness können Sie die Herausforderung durch Ämter und Beamte meistern. Nostradamus würde Ihnen raten, die Hintergründe aufzudecken, um das Geschehen um Sie herum besser verstehen zu können.
Ihr Chef ist Ihnen gegenüber in diesem Jahr verschlossen. Erzwingen Sie daher keine unnötigen Diskussionen.

2010 Der Staat konfrontiert Sie mit überraschenden Entscheidungen. Sie hingegen neigen zu ungebremster Abenteuerlust und könnten an Hindernissen scheitern, die Sie in Ihrem Aktionismus übersehen. Nostradamus würde Ihnen zu Besonnenheit raten.
Ein Jahr ohne große berufliche Ereignisse. Ihr Chef übersieht offenbar Ihren Tatendrang. Von ehemaligen Vorgesetzten könnten Sie Empfehlungen erhalten.

2011 Richten Sie sich darauf ein, dass Sie durch den Staat aggressiv herausgefordert werden. Psychologische Tricks helfen da wenig. Sie können sich in dieser Periode durchsetzen, weil Sie die riskante Auseinandersetzung suchen: Erfolg durch Lust am Risiko. Nostradamus würde Ihnen raten, dass Sie trotz allem Ihre persönliche Freiheit nicht aufs Spiel setzen. Ihre Weltanschauung könnte sich ändern oder aber Ihr Weltbild könnte nicht mehr mit der Realität zusammenpassen.
Ihre Vorgesetzten sind Ihnen gegenüber sehr aufgeschlossen. Sie können mit ihnen verhandeln und verstehen ihre Denkweise.

2012 Der Staat wird Sie auch dieses Jahr herausfordern. Es muss sich nicht um ein Einzelereignis handeln, sondern um die Summe der vielen kleinen Ablehnungen durch die Beamten, die Sie behindern werden. Nostradamus würde Ihnen raten, um jede einzelne Position zu kämpfen. Die Chance auf einen Durchbruch ist in dieser Periode groß.
Es ist für Sie das Jahr der Karrierechancen durch den Aufbau von neuen Abteilungen oder durch die Versetzung in eine andere Abteilung.

2013 Erfolge führen bei Ihnen zur Selbstgefälligkeit bis hin zum Größenwahn. Die Beamten reagieren auf smarte Überflieger eher verärgert. Ein verdrehter Standpunkt könnte Ihnen schaden. Nostradamus würde Ihnen raten, äußerste Zurückhaltung zu üben, denn irgendwo scheint eine Zeitbombe zu ticken.
Der Umgang mit Ihrem Chef gestaltet sich in diesem Jahr schwierig. Die Befugnisse aller werden eingeschränkt. Dies frustriert auch Ihre Vorgesetzten.

2014 Ihre Beharrlichkeit im Umgang mit dem Staat und seinen Ämtern zahlt sich aus. Die Spannungen jedoch bleiben, weil die Diskrepanz zwischen Ihrem Wollen und dem Können der Beam-

ten zu groß ist. Nostradamus würde Ihnen raten, den Wandel der Zeit und der Weltanschauungen im Auge zu behalten. Dem Staat stehen dramatische Veränderungen bevor.
Ihr Vorgesetzter wird Ihnen in diesem Jahr ein offenes Ohr leihen. Trotzdem sollten Sie sich zurückhalten, denn Ihr Chef hat Sorgen. Rechnen Sie mit Verzögerungen.

2015 Sie steuern auf einen Konflikt mit dem Staat zu. Die Ursache sind Neuerungen, auf die Sie sich nicht vorbereitet haben. Diese Periode ist stark von schicksalhaften Umständen geprägt. Nostradamus würde Ihnen raten, sich nicht aggressiv zu gebärden, sondern die Probleme mit den Behörden energisch anzugehen.
Ihr Vorgesetzter ist nervös, was sich auch auf Sie übertragen wird. Es ist ein Jahr der unsicheren Verhältnisse.

2. Dekade vom 1. bis 10. Juni

2005 In diesem Jahr sind Sie durch politische Ereignisse schnell zu beeindrucken. Sie sollten wissen, dass gerade Sie in diesem Jahr dazu neigen, die Zusammenhänge nicht zu durchschauen und daher falsche Stellungnahmen abzugeben. Daher ist Vorsicht im Umgang mit Behörden geboten und Zurückhaltung bei Meinungsäußerungen angeraten, die nicht unmittelbar mit Ihrem Beruf zu tun haben. Nostradamus würde Ihnen sagen, dass Sie ein Jahr vor sich haben, in dem Sie mit Ihrem »Lehnsherrn« schmerzliche Erfahrungen machen könnten.
In diesem Jahr sollten Sie sich sehr zurückhalten. Sie haben im Beruf Turbulenzen zu erwarten, die durch Ihren Vorgesetzten ausgelöst werden.

2006 Ein Jahr, in dem Sie etwas im Zusammenhang mit Behörden oder Verwaltungsämtern bewegen können. Dies wird

nicht ohne Streit vor sich gehen, aber es wird Ihnen gelingen. Nostradamus würde Ihnen raten, in diesem Jahr nichts aufzuschieben, sondern jeweils mit den zuständigen Einzelpersonen eine Klärung herbeizuführen.
Ein Jahr, in dem Sie sich bei allen Äußerungen in Bezug auf Ihre Vorgesetzten zurückhalten sollten. Sie haben Nachteile durch Indiskretionen oder Intrigen zu erwarten.

2007 Sie fühlen sich in diesem Jahr besonders vom Staat und seinen Ämtern befreit. Nostradamus würde Ihnen raten, in dieser euphorischen Phase sehr zurückhaltend zu agieren. Wem es gut geht, der macht sich nicht nur Freunde. Der Staat beobachtet Sie argwöhnisch.
In diesem Jahr müssen Sie damit rechnen, dass Ihre Vorgesetzten häufig ihre Meinung ändern. Missverständnisse liegen in der Luft.

2008 Ein glückliches Jahr für den Umgang mit dem Staat. Ihre Vorstellungen sind gut mit der Realität in Einklang zu bringen. Nostradamus würde Ihnen raten, dieses Jahr zu nutzen, um auf dem Gipfel höchsten Einklangs die Weichen für Ihre Zukunft zu stellen.
Auch in diesem Jahr haben Sie es mit Ihrem Chef nicht leicht. Missverständnisse sind weiterhin angezeigt.

2009 Sie wollen Ihre Forderungen gegenüber dem Staat notfalls mit Gewalt durchsetzen. Das könnte Sie in diesem Jahr in Schwierigkeiten bringen. Nostradamus würde Ihnen raten, Ihre eigenen Versäumnisse in den vergangen Jahren zu analysieren, um vernünftige Problemlösungen anzustreben.
Rechnen Sie in diesem Jahr mit Verzögerungen, wenn es darum geht, Einzelheiten Ihrer beruflichen Aufgaben zu klären. Ihr Vorgesetzter ist sehr unentschlossen.

2010 Sie hegen trügerische Hoffnungen in Bezug auf das Wohlverhalten des Staates und seiner Bediensteten. Verlockende Auswege tun sich auf. Überraschende Entscheidungen von Beamten verändern schlagartig die Situation. Nostradamus würde Ihnen raten, abzuwarten und die Dinge auf sich zukommen zu lassen.
Ihr Chef hat in diesem Jahr viele eigene Probleme und wird wenig für Ihre berufliche Entwicklung tun. Ingesamt haben Sie aber ein gutes Verhältnis zu Ihren Vorgesetzten.

2011 Sie sind dabei, den Ämtern in die Falle zu gehen, und haben es dann schwer, aus dieser Sackgasse wieder herauszukommen. Vorsicht bei Vereinbarungen mit Behörden! Nostradamus würde Ihnen raten, sehr distanziert an alles heranzugehen, was mit Staat, Behörden und Beamten zu tun hat, denn von dort drohen Ihnen Verluste.
In diesem Jahr haben Sie keine besonderen Ereignisse zu erwarten, die Ihr Verhältnis zu Ihrem Vorgesetzten betreffen.

2012 Ihre Ziele verlieren Sie nicht aus den Augen. Sie laufen aber in dieser Periode Gefahr, in eine Falle zu tappen oder zumindest in eine Sackgasse zu geraten. Nostradamus würde Ihnen raten, sich bei Ihrem Ringen darum, sich gegenüber den Beamten durchzusetzen, immer der Tragweite Ihrer Handlungen bewusst zu sein. Ihre Entscheidungen sollten nicht auf bloßen Annahmen beruhen.
Ingesamt sollten Sie mit Ihrem Vorgesetzten sehr gut zurechtkommen. Es sind einige Veränderungen innerhalb Ihrer Firma oder Ihres Amtes für dieses Jahr angezeigt.

2013 Zwischen Ihnen und dem Staat kommt es zum Konflikt aufgrund offener Versäumnisse. Eine lose Zunge gegenüber Beamten und unerwartete Vorfälle bringen Sie in eine Zwickmühle. Nostradamus würde Ihnen raten, sich wegen der Lösung Ihrer

Probleme an Experten zu wenden, denn für Sie steht sehr viel auf dem Spiel.
In diesem Jahr könnten Sie durch Ihre Vorgesetzten falsch beurteilt werden. Sie sind vermutlich Opfer von Intrigen und sollten alles tun, um mit Ihren Vorgesetzten im Gespräch zu bleiben.

2014 Sie sind vom Staat und seinen Behörden eingeschüchtert. Stärken Sie Ihren Egoismus und vermeiden Sie Versäumnisse. Nostradamus würde Ihnen raten, die Zeichen der Zeit zu verstehen und sich auf eine völlig veränderte Welt einzustellen.
Ihr Chef verteilt in diesem Jahr die Arbeit neu. Es kommt jetzt darauf an, das Wohlwollen Ihres Vorgesetzten geschickt zu nutzen, um für sich eine neue Aufgabe zu »ergattern«.

2015 Die Lösung von Problemen, die Sie mit den Ämtern haben, steht für Sie an erster Stelle. Sie setzen dafür Ihre Fähigkeit, ausgeklügelte Vorgehensweisen zu ersinnen, voll ein und kommen damit durch. Nostradamus würde Ihnen raten, in dieser Periode der Freude und des Glücks Ihre Unbekümmertheit zu bremsen. Nutzen Sie die Gunst der Stunde, ohne die Bodenhaftung zu verlieren, dann bleibt Ihnen vieles erspart.
In diesem Jahr müssen Sie damit rechnen, dass Ihr Chef nicht bereit ist, Ihnen zuzuhören. Versuchen Sie, sich im Hintergrund zu halten.

3. Dekade vom 11. bis 21. Juni

2005 Es ist ein Jahr der Ahnung und Vorahnung. Aus Rachsucht verhalten Sie sich Ämtern und Vorgesetzten gegenüber aggressiv. Nostradamus würde Ihnen raten, die langfristigen Folgen Ihres Handelns sehr genau zu bedenken und mögliche Raubtierinstinkte zu unterdrücken.

Sie hören in diesem Jahr bei der Arbeit sehr viele Details, die Sie für sich erfolgreich umsetzen können. Rechnen Sie mit Überraschungen, was Ihre berufliche Entwicklung betrifft.

2006 Ihnen stehen sprunghafte Veränderungen bevor. Nostradamus würde Ihnen dringend raten, bei allen Verhandlungen mit Dienstpersonen Ihr intellektuelles Sperrfeuer einzustellen. Man könnte Sie missverstehen.
Rechnen Sie in diesem Jahr mit kritischen Vorgesetzten. Gestörte Informationsflüsse sind angezeigt.

2007 Sie stehen beruflich unter Stress und übersehen Ihre Abhängigkeit vom Staat und seinen Bediensteten. Nostradamus würde Ihnen raten, Ihr Verhandlungsgeschick auszuspielen und mit dem Aufbau einer sachlichen Atmosphäre zu beginnen, denn die Kraft des Wachstums ist auf Ihrer Seite.
Rechnen Sie in diesem Jahr mit Behinderungen, die aus Ihrem Arbeitsumfeld stammen. Ihr Vorgesetzter dürfte unter Druck geraten und diesen Druck weitergeben.

2008 Ein Jahr der Beruhigung und des Ausgleichs in Behördenangelegenheiten. Nutzen Sie diese Periode, um Ihre Anliegen in einer harmonischen Atmosphäre vorzubringen. Nostradamus würde Ihnen raten, jetzt alle Absprachen so festzuklopfen, dass für Sie keine Probleme durch Änderung der Gesetze entstehen.
Dieses Jahr ist günstig, um mit Ihrem Vorgesetzten über Veränderungen zu sprechen. Jeweils in den Neumondtagen können Sie Ihre Ansichten besonders erfolgreich darlegen.

2009

Im Umgang mit den Ämtern drohen Ihnen in diesem Jahr Verluste. Trotzdem beginnt für Sie nun eine Periode der höchsten Übereinstimmung mit dem Staat. Nostradamus würde Ihnen

raten, nicht auf die laufenden Ereignisse, sondern auf die zukünftigen Möglichkeiten zu schauen.
In diesem Jahr wird ein Vorgesetzter seine Vorhaben wortreich präsentieren. Rechnen Sie jedoch nicht damit, dass die Pläne auch umgesetzt werden.

2010 Ihr Verhandlungsgeschick rettet Sie aus jeder Bedrängnis. Rangeleien und Diskussionen mit dem Staat und seinen Vertretern gehen für Sie gut aus. Nostradamus würde Ihnen raten, Ihre Angelegenheiten mit dem Staat abschließend zu klären und sich nicht in eine Sackgasse drängen zu lassen.
Ihr Vorgesetzter wird Sie in diesem Jahr unterstützen. Sie sollten die Gunst dieser Monate für sich nutzen.

2011 Im Umgang mit dem Staat und seinen Beamten setzen Sie in dieser Zeit auf Gerissenheit und andere zweifelhafte Mittel. Es ist angezeigt, dass Sie selbst Opfer solcher Vorgehensweisen werden. Würden Sie im Mittelalter leben, würde Ihnen Nostradamus raten, eher das Land zu verlassen als sich auf diese Methoden zu stützen.
Seien Sie in diesem Jahr offen für neue berufliche Perspektiven, die Ihnen von Ihrem Vorgesetzten angeboten werden. Diskussionen um Ihren derzeitigen Arbeitsplatz sind möglich.

2012 Der Staat behindert Sie und fügt Ihnen Verluste zu. Ihr Vertrauen in die staatliche Ordnung wird in dieser Periode schwer erschüttert. Nostradamus würde Ihnen raten, sich auf die Kraft Ihrer eigenen Persönlichkeit zu stützen und mutig um Anerkennung und Erfolg zu kämpfen. Ihre Aussichten sind hervorragend.
Ihr Vorgesetzter dürfte in diesem Jahr wenig flexibel sein, was die Neuordnung von Kompetenzen angeht. Verhalten Sie sich in allen Fragen, die Ihren Aufgabenbereich betreffen, neutral. Ihr

Vorgesetzter könnte Ihnen Schwierigkeiten bereiten, weil Sie zu eigenständig arbeiten.

2013 Sie sind ärgerlich auf den Staat und seine Ämter. Unerwartete Vorfälle oder unvorhersehbare Entscheidungen stören Ihre Pläne. Nostradamus würde Ihnen raten, sich darauf einzustellen, dass jede Ordnung sich verändern kann. Bauen Sie nicht auf Sicherheit, planen Sie für Eventualitäten.
In diesem Jahr wird Ihr Chef sich Ihnen gegenüber neutral verhalten. Möglicherweise bekommen Sie einen neuen Vorgesetzten.

2014 Ihr Selbstvertrauen steigt, und durch Ihr Engagement überzeugen Sie den Staat und seine Beamten. Eine Tendenz zeigt bei Ihnen Wachstum an, eine andere Schiffbruch. Es kommt auf Ihre Beobachtungsgabe an. Nostradamus würde Ihnen raten, Entscheidungen nur dann zu fällen, wenn Sie die Gründe gut analysiert haben. Anzeichen des Wandels sollten Sie besonders beachten.
Sie können in diesem Jahr mit der Förderung durch Ihren Vorgesetzten rechnen. Ein gutes Jahr für Ihre Karriere.

2015 Ihnen stehen Neuerungen, Veränderungen oder Umwälzungen in Haus. Durch die staatlichen Institutionen werden Sie gezwungen, sich neu zu orientieren. Nostradamus würde Ihnen raten, sich den neuen Gegebenheiten anzupassen und taktisch klug die Situation zu meistern. Für Sie ist das Merkmal des »Entweder-oder« angezeigt. Im Mittelalter hätte dies im schlimmsten Fall die Verbannung bedeutet.
Rechnen Sie in diesem Jahr mit wenig Anerkennung Ihrer Arbeit durch Ihren Chef. Der Umgang mit Vorgesetzten gestaltet sich in diesem Jahr besonders schwierig.

Krebs

1. Dekade vom 22. Juni bis 1. Juli

2005 Das Jahr zeichnet sich durch Klarheit der Gedanken aus und ist günstig für die Organisation oder Neuorganisation von geschäftlichen Abläufen. Energien aus der Tiefe begünstigen den Schritt nach vorn. Die Ereignisse überstürzen sich, und unversehens stellt sich der Erfolg ein. Nostradamus würde Ihnen raten, in diesem Jahr möglichst viele Dinge zu regeln, und zwar auch im Voraus.
Ihre Vorgesetzten reagieren in diesem Jahr sehr empfindlich auf Kritik von Ihrer Seite. Nur Diplomatie und Flexibilität können Ihnen derzeit weiterhelfen.

2006 Es kommt zu Irritationen im Verhältnis zum Staat und seinen Behörden. Nostradamus würde Ihnen empfehlen, Ihre Standpunkte und Argumente sehr gut zu wählen. Sie verfügen weiterhin über eine große Klarheit der Gedanken. Nutzen Sie diese Periode.
Ein Jahr der beruflichen Missverständnisse. Bei neuen Projekten müssen Sie klare Absprachen mit Ihrem Vorgesetzten treffen.

2007 Sie verhalten sich den Behörden gegenüber konfus. Nostradamus würde Ihnen raten, bei allen Verhandlungen mit der Obrigkeit klare und eindeutige Positionen zu beziehen. In diesem Jahr wird an Ihren Schicksalsfäden gezogen.
Ihr Chef hat in diesem Jahr ein offenes Ohr für Sie. Ihre Anregungen und Vorschläge werden ernsthaft bedacht und angenommen. Irritationen durch Intrigen sind möglich.

2008 Ihre beruflichen Vorhaben könnten in diesem Jahr durch den Staat begünstigt werden. Durch überzogene Erwartungen kann es aber zu Problemen kommen. Nostradamus würde Ihnen raten, kein Risiko einzugehen. Sie neigen dazu, sich selbst zu überschätzen.
In diesem Jahr sollten Sie mit Kritik von Seiten Ihres Chefs rechnen. Diese wird jedoch zumeist nicht offen ausgesprochen, und deshalb sollten Sie auf die Anzeichen achten.

2009 Schäumender Übermut im Umgang mit Ämtern und Behörden zeichnet dieses Jahr für Sie aus. Nostradamus würde Ihnen raten, in dieser Periode größte Vorsicht walten zu lassen. Ein viel versprechender Anfang könnte durch eine plötzliche Änderung zu persönlichen Schwierigkeiten führen.
In diesem Jahr könnten Sie Probleme bei der Erledigung Ihrer Arbeit bekommen. Dies kann von Ihrem Vorgesetzten ausgehen, aber auch von außen kommen und Ihren Vorgesetzten zum Handeln zwingen.

2010 Im Umgang mit dem Staat sind für Sie Verlusttendenzen angezeigt. Der Konflikt wird durch ungenaue Angaben oder Formulierungen ausgelöst. Stellen Sie sich auf ein plötzliches Ereignis ein. Nostradamus würde Ihnen raten, in dieser Periode stets auf der Hut zu sein. Gipfelsturm und Absturz liegen eng beisammen, wenn die Besonnenheit verloren geht.

Ihr Vorgesetzter zeigt Ihnen in diesem Jahr eine neue Perspektive auf. Sie haben mit Veränderungen zu rechnen.

2011 Sowohl Sie als auch der Staat agieren orientierungslos. Planen Sie jeden Schritt in Bezug auf Behörden genau im Voraus und halten Sie sich strikt an Ihren Plan. Von Seiten des Staates müssen Sie mit Begehrlichkeiten rechnen, die Sie viel Geld kosten könnten. Nostradamus würde Ihnen raten, Ihre rebellische Ader nicht öffentlich zu zeigen.
Es ist das Jahr der Veränderungen entweder durch Chefwechsel oder durch eigenen Antrieb. Rechnen Sie mit Verstimmung gegenüber Ihren Vorgesetzten.

2012 Der Staat und seine Behörden gehen in dieser Periode nicht allzu zimperlich mit Ihnen um. Nostradamus würde Ihnen raten, Vorurteile zu vermeiden und sich auf keine Polemik einzulassen. Verlieren Sie nicht den Blick für die größeren Zusammenhänge und handeln Sie logisch. Das bringt Ihnen Erfolg.
In diesem Jahr müssen Sie mit einem nervösen und gereizten Vorgesetzten rechnen. Halten Sie sich zurück. Sie haben keine Vorteile, wenn Sie die Dinge ausdiskutieren.

2013 Rechnen Sie damit, dass Ihr Verhältnis zu den staatlichen Institutionen in diesem Jahr gestört sein wird. Aus den Amtsstuben kommt Verworrenes auf Sie zu. Vermeiden Sie Risiken und spontane Gefühlsäußerungen. Nostradamus würde Ihnen raten, sich auf Veränderungen einzustellen und die Zukunft im Auge zu behalten.
Nach einer hektischen Zeit werden Sie von Ihren Vorgesetzten in diesem Jahr in Ruhe gelassen. Es wird sich für Sie nichts Außergewöhnliches im Beruf tun.

2014 Ihre Schwierigkeiten mit dem Staat und seinen Ämter dauern an. Achten Sie auf die Argumente der Behörden: Sie sind nicht kohärent. Störungen sind vor allem emotionaler, weniger rationaler Natur. Nostradamus würde Ihnen raten, sich auf Veränderungen einzustellen.
Während der Neumondphasen dieses Jahres müssen Sie mit unerwarteten Reaktionen Ihrer Vorgesetzten rechnen. Dies kann Sie persönlich betreffen, aber auch Ihr gesamtes Arbeitsumfeld mit einbeziehen.

2015 Die Behörden und Ämter zeigen Ihnen gegenüber eine Art majestätischen Hochmuts. Damit werden Sie leben müssen. Gleichzeitig sind für Sie aber auch erfreuliche Erfahrungen, sehr gute Aussichten und Aufstieg angezeigt. Sie müssen zwar mit Behinderungen durch Beamte rechnen, die Umstände werden sich jedoch für Sie immer zum Guten wenden.
Ihr Chef bereitet Ihnen Schwierigkeiten. Rechnen Sie in diesem Jahr mit Behinderungen oder Hemmungen durch Gerüchte, die über Sie in Umlauf gesetzt werden.

2. Dekade vom 2. bis 12. Juli

2005 In diesem Jahr sollten Sie Zurückhaltung gegenüber den Behörden üben. Es besteht die Gefahr, dass sich Ihre aufgestaute Wut in destruktiver Aggression entlädt. Nostradamus würde Ihnen raten, darauf zu achten, dass nicht die Faust die Oberhand über die verbale Auseinandersetzung gewinnt. Für Sie ist eine durch eigenes Verhalten ausgelöste Behinderung angezeigt.
Ihr Chef orientiert sich stark an der Vergangenheit. Sind Sie neu am Arbeitsplatz, suchen Sie nach Gleichgesinnten unter den Kollegen, die Ihnen helfen könnten.

2006 Es wird ein Jahr des gesellschaftlichen Aufstiegs für Sie. Wenn Sie etwas erreichen wollen, sollten Sie von sich aus die ersten Schritte auf den Staat zugehen. Nostradamus würde Ihnen jedoch raten, genau darauf zu achten, ob in dem jeweiligen Fall seelische Kälte angebracht ist.
Ihr Chef wird Ihnen in diesem Jahr positiv begegnen. In den Vollmondphasen werden Sie häufig zu kritisch reagieren.

2007 Die Erfolge im Umgang mit Behörden setzen sich weiter fort. Nostradamus würde Ihnen raten, die Hintergründe zu durchschauen, denn Erfolgssträhnen währen nicht ewig.
Achten Sie auf das Umfeld Ihres Vorgesetzten. Von dort wird Ihnen Unterstützung zuteil. Bleiben Sie zurückhaltend.

2008 Die Fülle an guten Ereignissen im Umgang mit dem Staat und seinen Ämtern verschafft Ihnen auch in diesem Jahr das Glück des Wohlgelittenen. Genießen Sie diese Zeit.
In diesem Jahr sollten Sie mit unausgesprochener Kritik von Seiten Ihres Chefs rechnen. Achten Sie auf verdeckte Anzeichen.

2009 Die Zeit der Übereinstimmung mit Ämtern und Staatsdienern dauert an, was bei Ihnen zu ersten leichtsinnigen Trugschlüssen führen könnte. Nostradamus würde Ihnen raten, sich auf eine härtere Zeit im Umgang mit dem Staat einzustellen. Durch Unachtsamkeit kann es zu hausgemachtem Ärger kommen.
Ihr Vorgesetzter ist in diesem Jahr öfter anderer Meinung als Sie. Vermeiden Sie kritische Diskussionen.

2010 Der Staat wird Ihnen in dieser Periode Ihre Grenzen aufzeigen. Die Dinge geschehen plötzlich. Rechnen Sie mit einer Blockade durch die Behörden. Nostradamus würde Ihnen raten,

sich geschickt aus der Situation zu ziehen und notfalls einige Blitzeinschläge in Kauf zu nehmen.
Im Beruf ist es ein Jahr der Routine. Abwarten ist ratsam.

2011 In dieser Periode verfügen Sie über ein ausgeprägtes Verhandlungsgeschick im Umgang mit Beamten. Nach einer Zeit des süßen Nichtstuns kündigt sich aber eine Phase an, in der Sie Opfer bringen müssen. Der Staat beschneidet Sie in Ihren Möglichkeiten. Nostradamus würde Ihnen raten, sich möglichst frühzeitig auf den Verlust von Eigentum einzustellen und heimlich Reserven anzulegen.
Sie müssen in diesem Jahr eventuell ohne einen direkten Chef oder Vorgesetzten agieren. Die Arbeit könnte sich schwierig gestalten.

2012 Neuanfänge sind für Sie angezeigt. Achten Sie auf die Kooperation von verschiedenen Ämtern oder staatlichen Institutionen. Man ist auf Ihrer Seite, und Sie sollten sich Ihren Vorteil geschickt sichern. Nostradamus würde Ihnen raten, diese Periode des persönlichen kleinen Glücks für sich zu nutzen.
Beruflich wird es ein risikoreiches Jahr für Sie, denn Sie geraten in dieser Phase immer wieder in Situationen, in denen Sie selbständig Entscheidungen treffen müssen, ohne Rücksprache mit den Vorgesetzten halten zu können.

2013 Für Sie beginnt eine Periode der Verbitterung über den Staat und seine Beamten. Sie sehen, was die nicht sehen. Nostradamus würde Ihnen raten, die Faust heimlich in der Tasche zu ballen, sich aber nichts anmerken zu lassen. Niemand wird Sie bedrängen oder angreifen, wenn Sie nicht zuvor provoziert haben.
Ihr Verhältnis zu Ihrem Vorgesetzten ist unklar. Stellen Sie sich in den Vollmondphasen auf sehr emotionale Kritik ein.

2014 Sie stellen überzogene Ansprüche an den Staat und seine Behörden. Warten Sie den besten Zeitpunkt ab, denn es lohnt sich, spontane Projekte in die Tat umzusetzen. Sie können sich aus Ihrer Situation befreien und einen Neuanfang wagen. Nostradamus würde Ihnen raten, im Schriftverkehr mit Beamten sehr umsichtig vorzugehen.
Beruflich wird es ein unauffälliges Jahr.

2015 Die Stimmung zwischen Ihnen und dem Staat ist in dieser Periode geradezu euphorisch. Sie kommen sehr gut mit der Machtausübung durch Beamte zurecht. Nostradamus würde Ihnen raten, in dieser Phase sehr genau auf verborgene Feinde zu achten. Es sind Kleinigkeiten, auf die Sie achten müssen. Ein Stolpern über einen kleinen Stein ist angezeigt.
Ein Jahr, in dem Sie kaum Kontakt zu Ihrem Vorgesetzten haben werden. Sie erledigen Ihre Arbeit und hinterfragen wenig.

3. Dekade vom 13. bis 22. Juli

2005 Das Jahr der rechtzeitigen Einsicht. Differenzen mit Behörden und Vorgesetzten können Sie durch den Einsatz Ihrer Stärke zu Ihren Gunsten entscheiden. Es besteht aber die Gefahr der ungebremsten Machtentfaltung oder Machtausübung. Nostradamus würde Ihnen raten, Ihre lose Zunge zu kontrollieren, denn in dieser Zeit sind für Sie Verleumdungen angezeigt.
Ihr Chef steht Ihnen in diesem Jahr wohlwollend gegenüber. Somit haben Sie günstige Voraussetzungen, um ein gutes Vertrauensverhältnis aufzubauen.

2006 Für Sie wird sich in diesem Jahr die Tendenz bemerkbar machen, Ordnung zu schaffen. Nostradamus würde Ihnen raten, in dieser Periode möglichst viele Dinge systematisch in Gang zu

bringen, denn für Sie ist der Umgang mit dem Staat derzeit unproblematisch.
Sie können für dieses Jahr ein unkompliziertes Verhältnis zu Ihrem Vorgesetzten erwarten. Ihnen wird die Arbeit leicht gemacht.

2007 Sie gehen zu unbekümmert mit Amtspersonen um. Die Kraft des anhaltenden Wachstums ist auf Ihrer Seite, aber es gibt auch erste Anzeichen für eine Veränderung. Nostradamus würde Ihnen raten, Vorsorge zu betreiben.
Ein Jahr, in dem Ihr Vorgesetzter Ihre Aktivitäten in einem sehr positiven Licht sieht. Verhalten Sie sich umsichtig, denn Sie sind nicht allein auf der Welt.

2008 In diesem Jahr wird Ihr Durchhaltevermögen auf die Probe gestellt. Disharmonische Ereignisse belasten Sie zunehmend. Der Staat und seine Diener fordern von Ihnen Dinge, die Sie nicht erbringen können. Nostradamus würde Ihnen raten, unter dem Druck der Ereignisse keine unüberlegten Entscheidungen zu treffen.
Ihr Vorgesetzter wird Sie in diesem Jahr mit einer oder mit mehreren neuen Situationen konfrontieren. Achten Sie auf die Mondphase, in der dies geschieht, um so für Wiederholungen gewappnet zu sein.

2009 Was auch immer zwischen Ihnen und dem Staat ansteht, es ist eine Zeit der Rückschau, der Aufarbeitung der Vergangenheit. Nostradamus würde Ihnen raten, Ihre eventuell überzogenen Erwartungen an den Staat zu relativieren. Es ist kein leichter Aspekt, der Ihr Jahr bestimmt.
In diesem Jahr sind keine Besonderheiten zu erwarten. Vermeiden Sie alle Aktivitäten, die nicht eindeutig zugeordnet werden können.

2010 Sie stehen in dieser Periode dem Staat wenig mutig gegenüber und reagieren gereizt auf seine Forderungen und Anfragen. Es ist möglich, dass Ihre Stimmung in offene Aggression gegenüber Beamten umschlägt. Nostradamus würde Ihnen zur Besonnenheit raten. Vermeiden Sie es, extreme Ansichten zu vertreten.
In diesem Jahr bietet Ihnen Ihr Vorgesetzter die Möglichkeit, Ihre berufliche Entwicklung neu zu bestimmen. Sie sollten die Gunst der Stunde nutzen.

2011 Sie haben Streit mit den Behörden. Möglicherweise prallen Ihre Argumente ab. Nostradamus würde Ihnen raten, mutig zu kämpfen, denn Ihre Redegewandtheit wird Ihnen in Auseinandersetzungen mit Beamten nützlich sein. Sie sind in der Lage, den Sprung aus dem Teufelskreis der Intrigen zu schaffen.
Starke Spannungen im Verhältnis zu Ihren Vorgesetzten werden in diesem Jahr um die jeweiligen Vollmondtage herum sichtbar. Diese Spannungen werden überwiegend durch Sie selbst verursacht.

2012 Ihr Verhältnis zu den Ämtern ist in dieser Periode stark belastet, obwohl sich erste Anzeichen für eine Lösung zeigen werden. Es handelt sich um Dinge, die im weitesten Sinne mit sozialer Anerkennung zu tun haben. Nostradamus würde Ihnen raten, auf alles Wert zu legen, was mit Ruhm und Ehre zu tun hat. Nehmen Sie Neues in Angriff oder beenden Sie laufende Projekte.
In diesem Jahr haben Sie Schwierigkeiten mit Ihrem Vorgesetzten. Sie haben keine Möglichkeiten, dieser kritischen Situation aus dem Wege zu gehen.

2013 Der Staat zwingt Sie, Dinge anzustreben, die Sie nicht akzeptieren wollen. Sie geraten in eine Sackgasse, weil Sie mit

Ihren Vorgehensweisen regelmäßig scheitern. Ein Konflikt zwischen dem Staat und seinen Ämtern wird in dieser Periode nicht zu vermeiden sein. Nostradamus würde Ihnen raten, dem Staat und seinen Beamten möglichst aus dem Wege zu gehen und alle erforderlichen Schritte durch andere Personen erledigen zu lassen.
Aus der Sicht Ihres Vorgesetzten ist es eine Routinephase. Versuchen Sie, hinter die Kulissen zu schauen, und Sie werden feststellen, dass es bei Ihrem Chef brodelt.

2014 Im Umgang mit den Behörden werden Sie überfordert. Sie sollten gute Berater aufsuchen. Machen Sie sich nichts vor und lassen Sie Ihre Pläne durch Experten überprüfen. Nostradamus würde Ihnen raten, die Realität zu akzeptieren und wenig vom Staat zu erwarten.
Ihr Vorgesetzter wird in diesem Jahr aus einer Position der Stärke agieren. Dies wird besonders in den Neumondphasen sichtbar.

2015 In dieser Periode können Sie in die Offensive gehen. Der Staat wird Sie nicht daran hindern. Neuerungen oder Veränderungen werden Sie nicht in Bedrängnis bringen. Nostradamus würde Ihnen raten, sich nur um Ihre eigenen behördlichen Angelegenheiten zu kümmern. Sie sind dabei, Schicksalsfäden zu einem Webmuster zu verarbeiten, und sollten fremde Schicksale nicht zu Ihren eigenen machen.
Sie haben in diesem Jahr wenig Zugang zu Ihren Vorgesetzten. Man erledigt seine Arbeit und stellt keine Fragen.

Löwe

1. Dekade vom 23. Juli bis 2. August

2005 In diesem Jahr gibt es ein Zuviel an Gefühl in beiden Richtungen, wobei Schaden durch offen gezeigte Gefühlskälte angezeigt ist. Die Kraft zur Klarheit, Eindeutigkeit und Entschiedenheit im Umgang mit Behörden und Vorgesetzten herrscht vor und zeitigt auch Ergebnisse. Nostradamus würde Ihnen raten, das Jahr zu nutzen, um vorausschauendes Krisenmanagement zu betreiben. Die Ursachen für ein Scheitern, das Sie unverschuldet betreffen könnte, entstehen in diesem Jahr.
Sie müssen in dieser Periode mit beruflichen Nachteilen durch Intrigen rechnen. Sie sollten sich bei Äußerungen zurückhalten, die Ihre Vorgesetzten betreffen.

2006 Ein Konflikt mit dem Staat und seinen Ämtern zeichnet sich für Sie in diesem Jahr ab. Das führt bei Ihnen zu Verstimmungen, weil Sie Verzicht üben müssen. Nostradamus würde Ihnen raten, in diesem Jahr Ihre Standpunkte zu überprüfen.
Ihre Vorgesetzten sehen Sie in einem günstigen Licht. Es dürfte ein sehr erfolgreiches Jahr werden.

2007 Auch in diesem Jahr müssen Sie damit rechnen, dass Ihre Verhandlungen mit dem Staat und seinen Ämtern scheitern. Nostradamus würde Ihnen raten, sich auf jähe und erschütternde Erkenntnisse einzustellen und still den Wiederaufbau vorzubereiten.
Die Zeit ist günstig, um mit Ihrem Vorgesetzten über Veränderungen zu sprechen. Jeweils an den Neumondtagen werden Sie Ihre Ansichten besonders erfolgreich vertreten können.

2008 In diesem Jahr ist Wut im Bauch angezeigt. Täuschen und Getäuschtwerden bringen Sie in Situationen, die Sie nie für möglich gehalten hätten. Nostradamus würde Ihnen raten, Krisenmanagement zu betreiben und sich Klarheit über die Lage zu verschaffen.
Ihre Vorgesetzten könnten in diesem Jahr häufig wechseln. In der Chefetage hat man in diesem Jahr mit eigenen Problemen zu kämpfen und wird wenig für Ihre berufliche Entwicklung tun.

2009 Unzufriedenheit, Widerstände und Unsicherheit im Umgang mit dem Staat prägen auch dieses Jahr. Nostradamus würde Ihnen raten, weiterhin Krisenmanagement zu betreiben und den Ursachen für Ihr Scheitern auf den Grund gehen.
Ihr Vorgesetzter wird Sie in diesem Jahr unterstützen. Sie sollten die Gunst dieser Monate für sich nutzen.

2010 Versuchen Sie, im Umgang mit Behörden und Beamten das bisher Geschehene neu zu bewerten. Schrauben Sie Ihre Forderungen zurück. Mit Verhandlungsgeschick können Sie viel erreichen. Nostradamus würde Ihnen raten, die Behörden mit Cleverness und einem Pokerface zu überlisten.
In diesem Jahr sind keine großen Ereignisse, die Ihr Verhältnis zu Ihren Vorgesetzten betreffen, zu erwarten.

2011 Ihr Respekt vor Behörden und Beamten bewegt sich wieder auf einem normalen Niveau. Sie haben Probleme, die Verantwortlichen im Hintergrund zu identifizieren. Nostradamus würde Ihnen raten, Absprachen oder Vereinbarungen mit dem Staat aufzulösen und keine neuen Verpflichtungen einzugehen.
Der Umgang mit Ihren Vorgesetzten gestaltet sich in diesem Jahr schwierig. Rechnen Sie mit einem frustrierten Chef.

2012 Eine Phase des Aufbaus von stabilen Beziehungen zu den Ämtern beginnt. Die Periode zeigt auch eine Tendenz zu überzogener Selbstdarstellung Ihrerseits an. Nostradamus würde Ihnen raten, nicht hektisch und unüberlegt auf behördliche Aktionen zu reagieren. Sie sollten sich einen Überblick über die Abläufe im Dienstbetrieb des Staates verschaffen.
Ihr Chef wird sich Ihnen gegenüber sehr aufgeschlossen zeigen. Es kann jedoch zur Behinderung von Entscheidungen durch Ämter kommen.

2013 Rechnen Sie damit, dass Ihr Verhältnis zum Staat in dieser Zeit außergewöhnlich stark durch Intrigen belastet wird. Schicksalhafte Entscheidungen stehen bevor. Nostradamus würde Ihnen raten, auf alle mündlichen Äußerungen zu achten, jedoch keine eigene Meinung zu vertreten.
Sie können in diesem Jahr mit der Förderung durch Ihren Vorgesetzten rechnen. Es wird ein gutes Jahr für Ihre Karriere.

2014 Eine Periode, in der mehr Einsicht von Ihrer Seite im Umgang mit dem Staat von Vorteil wäre. Umstände könnten Sie dazu zwingen, für einige Zeit den Kontakt zu Beamten abzubrechen. Nostradamus würde Ihnen raten, möglichst nicht im Alleingang gegen die Behörden vorzugehen. Würden Sie im Mittelalter leben, hätte er Sie vor einer Gefangennahme gewarnt.
In diesem Jahr werden Sie von Ihrem Chef kritischer gesehen.

Sie sollten daher versuchen, Ihre Arbeit möglichst korrekt zu erledigen.

2015 Der Staat wird Ihnen in dieser Zeit nicht entgegenkommen. Es ist möglich, dass Sie sich dem Willen der Behörden unterwerfen müssen. Bringen Sie sich nicht durch Beharrlichkeit in eine prekäre Situation. Nostradamus würde Ihnen raten, alle Eingebungen und Geistesblitze zwar zu prüfen, aber möglichst nicht in die Tat umzusetzen. Im Mittelalter hätte er von Beschneidung Ihrer Freiheiten gesprochen, weil Sie beim Souverän in Ungnade gefallen sind.
Ein Vorgesetzter verzögert die Umsetzung Ihrer beruflichen Vorhaben. Sie werden diese Situation geduldig aussitzen müssen.

2. Dekade vom 3. bis 12. August

2005 Es herrschen zu viele Gefühle in jeglicher Hinsicht vor, wobei Schaden durch offen gezeigte Gefühlskälte angezeigt ist. Es ist ein Jahr, in dem Sie der Wille zu Klarheit, Eindeutigkeit und Entschiedenheit im Umgang mit Behörden und Vorgesetzten auszeichnet und dieser auch Ergebnisse zeigt. Nostradamus würde Ihnen raten, das Jahr zu nutzen, um Krisen vorzubeugen. Die Ursachen für ein Scheitern oder die Auswirkungen solcher Geschehnisse, die Sie unverschuldet treffen könnten, entstehen in diesem Jahr.
Das Verhältnis zwischen Ihnen und Ihrem Vorgesetzten ist klar. Sie erfahren viele Details, die Sie erfolgreich umsetzen können. Spannungen zwischen Kollegen könnten Sie ebenfalls betreffen.

2006 Dieses Jahr steht im Zeichen der gestörten Beziehungen zu Amtspersonen. Nostradamus würde Ihnen raten, Ihren

Wunsch nach völliger Unabhängigkeit zu kontrollieren, weil Sie sonst leicht in die Mühlen der Mächtigen geraten können.
Ihr Vorgesetzter könnte in diesem Jahr unter Druck geraten und diesen Druck weitergeben. Rechnen Sie daher mit Behinderungen, die aus Ihrem Arbeitsumfeld stammen.

2007 Ausgelöst durch behördliche Aktionen steht bei Ihnen eine Periode der Umschichtung aller Werte an. Nostradamus würde Ihnen raten, sich besonnen zu verhalten und möglichst wenig Angriffsfläche zu bieten.
In diesem Jahr sollten Sie mit einem sehr unentschlossenen Vorgesetzten rechnen. Verzögerungen sind möglich, wenn es um die Klärung Ihrer beruflichen Aufgaben geht.

2008 In diesem Jahr erreichen Sie durch Ihr diplomatisches Geschick sehr viel im Umgang mit den Ämtern. Widersprüche können Sie gut durch Sachlichkeit und Fachwissen auflösen. Nostradamus würde Ihnen raten, keine Entscheidungen zu treffen oder keine Verträge zu unterzeichnen, deren Auswirkungen Sie nicht klar abschätzen können.
Ein Jahr, in dem Ihr Chef Ihren Tatendrang ignoriert. Achten Sie auf Ratschläge oder Hinweise von ehemaligen Vorgesetzten.

2009 Es ist das Jahr des Streits. Sie erkennen Versäumnisse im Umgang mit den staatlichen Institutionen. Nostradamus würde Ihnen raten, sich der Vergangenheit zu stellen und dann einen gesunden Egoismus zu entwickeln. Versuchen Sie, Ihre Ziele rasch und ohne Umwege anzusteuern.
Ihr Chef ist Ihnen gegenüber verschlossen. Erzwingen Sie daher keine unnötigen Diskussionen.

2010 Der Staat und seine Beamten bremsen Sie. Ihre Zielstrebigkeit ist jedoch in dieser Periode sehr ausgeprägt, und Sie

werden mit einem Sperrfeuer an pfiffigen Argumenten am Ende doch das erreichen, was Sie wollten. Nostradamus würde Ihnen raten, auf blitzartige Angriffe zu verzichten.
Ihr Vorgesetzter dürfte in diesem Jahr selbst unter Druck geraten. Hinsichtlich der Zuständigkeiten ist es ein Jahr der Verwirrung.

2011 Ihr Drang nach Unabhängigkeit von Behörden und Gesetzen erreicht in dieser Periode seinen Höhepunkt. Beamte bereiten Ihnen gezielt Schwierigkeiten. Es sind nicht die sachlichen Argumente, sondern es ist die gegenseitige Abneigung, die zum Verdruss führt. Nostradamus würde Ihnen raten, sich weniger auf Ihr Gefühl zu verlassen, sondern sich Rat bei Kundigen holen, um Verluste zu vermeiden.
Ihr Vorgesetzter könnte Sie in diesem Jahr an neuen Organisationsaufgaben beteiligen. Es ist für Sie das Jahr der Chancen.

2012 Bodenständige Erfolge sind für Sie in dieser Periode angezeigt. Es geht um Dinge, die Ihnen Vorteile gegenüber dem Staat bringen werden. Nostradamus würde Ihnen raten, sich nicht auf alte Fehler zu konzentrieren, sondern noch nicht realisierte Ansätze bewusst auszuprobieren.
Sie haben in diesem Jahr gute Kontakte zu Ihren Vorgesetzten. Es sind keine außergewöhnlichen Veränderungen zu erwarten. Pflegen Sie das, was Sie erreicht haben.

2013 Der Staat konfrontiert Sie in dieser Periode mit Ihren Versäumnissen. Es geht um erheuchelte Ziele und Unvorsichtigkeiten aus den vergangenen Jahren. Rechnen Sie mit einer deutlichen Verschlechterung Ihrer Beziehung zu den Behörden. Nostradamus würde Ihnen raten, Ihre Aktivitäten auf das Nötige zu beschränken und sich neu zu orientieren.
Ihr Vorgesetzter wird in diesem Jahr einiges verändern. Möglich,

dass Sie Opfer von Fehleinschätzungen werden, die bewusst lanciert worden sind.

2014 Eine Periode, in der Sie sich von der Obrigkeit zurückziehen werden. Tief schürfende Gedanken über Ihren bisherigen Weg sind angezeigt. Irgendetwas ist stecken geblieben. Nostradamus würde Ihnen raten, den Dingen auf den Grund zu gehen. Sie könnten durch eine Änderung Ihres Verhaltensmusters gegenüber dem Staat viel erreichen.
Auch in diesem Jahr wird Ihr Vorgesetzter viele Neuerungen einführen. Dadurch wird es zu Unruhe und unerwarteten Problemen kommen.

2015 Eine Zeit des süßen Nichtstuns steht Ihnen bevor. Die Ämter lassen Sie in Ruhe. Ihr Streben nach Erfolg und Macht wird vom Staat nicht gestört. In dieser Situation wächst Ihre Risikofreude. Nostradamus würde Ihnen ankündigen, dass nun die Zeit der Veränderung kommt. Er würde Ihnen raten, sich über die Abläufe in den staatlichen Institutionen sehr genau zu informieren. Ihnen drohen Nachteile durch Unkenntnis.
In diesem Jahr könnte Ihr berufliches Arbeitspensum falsch eingeschätzt werden. Intrigen sind angezeigt.

3. Dekade vom 13. bis 23. August

2005 In diesem Jahr herrscht die Gefahr der Selbsttäuschung vor. Nostradamus würde Ihnen raten, sich keinen Tagträumen hinzugeben und durch Passivität wertvolle Zeit verstreichen zu lassen. Sie laufen Gefahr, durch einen überhöhten Führungsanspruch beim Ringen um Erfolg und Macht auf dem zweiten Platz zu landen.
In diesem Jahr lösen Ihre Vorgesetzten berufliche Veränderun-

gen aus. Rechnen Sie mit Überraschungen in Bezug auf Ihre Karriere.

2006 Der Trend des Vorjahres setzt sich für Sie weiter fort. Sie neigen dazu, im Umgang mit Behörden ungeduldig zu werden. Nostradamus würde Ihnen raten, sich auf keine Provokation durch Staatsdiener einzulassen.
Ein unauffälliges Jahr der beruflichen Routine.

2007 Der Trend des Vorjahres setzt sich fort. Sie neigen dazu, im Umgang mit den Behörden ungeduldig zu werden. Nostradamus würde Ihnen raten, sich auf keine Provokation von Seiten der Staatsdiener einzulassen.
Beruflich wird es ein Jahr der vielen Worte und Diskussionen. In diesem Jahr haben Sie es mit Ihrem Chef nicht leicht.

2008 In diesem Jahr trumpfen Sie gegenüber dem Staat und seinen Behörden auf. Sie bekommen, was Sie wollen. Nostradamus würde Ihnen raten, darauf zu achten, dass Sie sich nicht in Schicksalhaftes verstricken. Sie haben in diesem Jahr den Kerkermeister-Aspekt zu bewältigen. Dies bezog sich im Mittelalter auf die Situation, in der man beim Souverän in Ungnade fiel und ohne Verhandlung eingesperrt wurde. Heute ist es mehr im Sinne von »Ungerechtigkeit erdulden müssen« zu verstehen.
Sie können derzeit viel von Ihrem Vorgesetzten erwarten. Diskussionen um Ihren derzeitigen Arbeitsplatz und neue Perspektiven sind möglich.

2009 Sie haben die Möglichkeit zu einer geschickten Offensive gegenüber dem Staat, sind aber auch versucht, sich den Behörden zu verweigern. Nostradamus würde Ihnen raten, dieser Versuchung nicht nachzugeben und stattdessen sehr selbstbewusst aufzutreten. Blockaden sind in diesem Jahr selbstverschuldet.

Insgesamt wird Ihr Vorgesetzter mit Ihnen sehr gut zurechtkommen. Veränderungen in Ihrem Aufgabenbereich oder generell in Ihrer Firma oder Ihrem Amt sind möglich.

2010 Die Ämter bereiten Ihnen in diesem Jahr Kopfzerbrechen. Sie werden mit Hintergrundinformationen überrascht, die Sie von den Beamten nicht erwartet hätten. Nostradamus würde Ihnen raten, sich auf Diskussionen mit Staatsbediensteten über Erfolg, Anerkennung und Vorgehensweisen vorzubereiten. Sie haben die Möglichkeit, Ihre Ansichten durchzusetzen.
In diesem Jahr könnte Ihnen Ihr Vorgesetzter Schwierigkeiten bereiten. Verhalten Sie sich in allen Fragen kooperativ und behalten Sie Ihre Meinung für sich.

2011 Sie können sich in dieser Periode allgemeiner Beliebtheit beim Staat und seinen Dienern erfreuen. Behalten Sie im Umgang mit den Behörden trotzdem die Realität im Auge. Sie werden mit vielen psychologischen Tricks konfrontiert, die Sie durchschauen müssen. Nostradamus würde Ihnen raten, sich zu nichts zu verpflichten, es sei denn, Sie wissen genau, wie die Angelegenheit enden wird.
Es ist das Jahr, in dem Ihr Chef sich Ihnen gegenüber neutral verhält. Es sind keine Situationen zu erwarten, die Ihnen nicht schon bekannt wären.

2012 Sie neigen in dieser Zeit dazu, der Obrigkeit den Gehorsam zu verweigern. Behörden und Beamte wollen von Ihnen zu viel und das sofort. Nostradamus würde Ihnen raten, ganz nüchtern die Situation zu analysieren und dann mit Mut und Cleverness zu handeln.
In diesem Jahr können Sie mit der Anerkennung Ihrer Arbeit durch Ihren Chef rechnen. Dennoch wird der Umgang mit Vorgesetzten von nun an schwieriger werden.

2013 In dieser Periode ist Verstimmtheit angezeigt. Der Staat verdreht die Standpunkte und schafft für Sie Probleme. Sollten Sie diese lösen, steht Ihnen ungebremstes Wachstum bevor. Nostradamus würde Ihnen raten, den persönlichen Kontakt zu den Staatsdienern möglichst zu vermeiden.
Ihre Vorgesetzten werden Sie in diesem Jahr weniger beachten. Sie sollten alles tun, um im Gespräch zu bleiben. Es ist eine Zeit der zunehmenden Verunsicherung.

2014 Sie zeigen keinen Drang zu einer Neuorientierung in Sachen Staat und Behörden. Eine neue Phase im Aufbau von Projekten wird sich im Laufe der Zeit ergeben. Nostradamus würde Ihnen raten, sich geduldig der Situation zu fügen.
Ihr Vorgesetzter dürfte in diesem Jahr in Schwierigkeiten geraten, was sich auch auf Sie auswirken könnte. Eine Zeit, in der Sie sich sehr zurückhalten sollten.

2015 Ihre Ansichten über den Staat sind von revolutionärem Geist geprägt. Das macht Sie in nächster Zeit angreifbar. Rechnen Sie mit schnellen Entscheidungen und kalkulieren Sie die vollständige Umschichtung Ihrer Ansprüche ein. Nostradamus würde Ihnen raten, sich auf Veränderungen einzustellen. Ihnen steht ein Aufbruch ins Ungewisse bevor.
Ihr Vorgesetzter ist sich nicht schlüssig, daher müssen Sie mit häufig wechselnden Strategien rechnen. Das könnte zu Missverständnissen führen.

Jungfrau

1. Dekade vom 24. August bis 2. September

2005 Ein Jahr des persönlichen Glücks und der Entfaltung im Umgang mit Behörden und Vorgesetzten. Es ist eine Zeit der Begeisterung und der mutigen Entscheidungen. Alles, was im weitesten Sinne mit dem Staat oder den Vorgesetzten abgewickelt werden muss, sollte nun in Angriff genommen werden. Nostradamus würde Ihnen raten, die Kraft des Wachstums zu nutzen.
In diesem Jahr reagiert Ihr Vorgesetzter sehr empfindlich auf Sie; dies gilt aber auch umgekehrt. Es ist das Jahr, in dem Ihre Vorgesetzten Sie nicht verstehen werden.

2006 In diesem Jahr neigen Sie dazu, sich vom Staat und seinen Organen einschüchtern zu lassen. Nostradamus würde Ihnen raten, Ihre geistige Beweglichkeit gezielt im Umgang mit den Behörden einzusetzen.
Ein Jahr ohne Konfrontationen mit Vorgesetzten und Kollegen und ohne besondere berufliche Ereignisse.

2007 Der Staat wird Sie überraschend herausfordern. Dies geschieht in einer Periode, in der Sie sich selbst recht provokant verhalten. Nostradamus würde Ihnen raten, das Schicksal nicht herauszufordern. Im Mittelalter hätte er vom möglichen Untergang Ihres Hauses gesprochen.
Ihr Vorgesetzter wird Sie in diesem Jahr in seine neuen Pläne einbinden. Daraus können Enttäuschungen erwachsen, wenn Sie womöglich auf die neuen Gegebenheiten nicht vorbereitet sind.

2008 Nebulöses ist im Umgang mit dem Staat und seinen Dienern angezeigt. Ihr derzeitiger Hang zum Missionieren dürfte dafür sorgen, dass die schwierige Periode für Sie andauert. Nostradamus würde Ihnen raten, mehr auf andere Menschen in Ihrer Umgebung zu achten und nach Wegen zu suchen, um Ihre Probleme im Stillen zu lösen.
In diesem Jahr haben Sie mit beruflichen Indiskretionen zu tun. Es liegt an Ihnen, wieder aus der Klemme herauszukommen, in die Sie durch Kollegen geraten sind.

2009 Ein Jahr der Unzufriedenheit mit der Obrigkeit steht Ihnen ins Haus. Zudem dürften Sie von Staatsdienern unter Druck gesetzt werden. Nostradamus würde Ihnen raten, im Umgang mit Beamten überzogene Ansprüche zu vermeiden. Betreiben Sie eine Politik der kleinen Schritte.
Sie haben in dieser Periode alle Möglichkeiten, sich gegenüber Ihren Vorgesetzten durchzusetzen. Bewahren Sie Augenmaß.

2010 Sie zeigen in diesem Jahr viel Mut und Tapferkeit, gegen behördliche Entscheidungen anzugehen. Sie sind voller Energie. Neue Erkenntnisse werden Sie zu einer Richtungskorrektur zwingen. Nostradamus würde Ihnen raten, sich nicht auf die Hintergründe zu konzentrieren, sondern Ihr Verhältnis zu Ämtern und Beamten zu verbessern.

Ihr Vorgesetzter erwartet von Ihnen Leistung, ohne diese anzuerkennen. Wenn Sie die Hintergründe erkannt haben, werden Sie Ihre Situation besser ertragen können.

2011 Eine Periode der Wünsche und Hoffnungen gegenüber dem Staat, die aus Ihrer Ziellosigkeit resultiert. Nostradamus würde Ihnen raten, im Umgang mit dem Staat keinen Tagträumen nachzuhängen. Jeder Anstoß zu einer Verbesserung der Situation muss von Ihnen kommen.
Ihr Chef wird Sie in diesem Jahr kaum beachten. Rechnen Sie mit einer Zeit der Unsicherheit.

2012 Sie sind mit dem Staat nicht einverstanden. Revolutionäre Gefühle herrschen bei Ihnen vor. Ihre Hemmschwelle ist niedrig, und Sie äußern Ihren Unwillen öffentlich. Nostradamus würde Ihnen zur Zurückhaltung raten, um nicht zum Opfer der Behörden zu werden.
Ihr Vorgesetzter ist abgelenkt und übersieht offenbar Ihre Tatkraft. Sie haben aber daraus keine Nachteile zu erwarten.

2013 Die unterdrückte Aggression gegenüber der Obrigkeit hält auch in diesem Jahr weiter an. Richten Sie sich auf eine zwiespältige Lösung Ihrer behördlichen Probleme ein. Vermeiden Sie Reaktionen, durch die Sie sich als Opfer hinstellen. Nostradamus würde Ihnen raten, sich jederzeit voll unter Kontrolle zu halten.
In diesem Jahr will Ihr Vorgesetzter von Ihnen eine »neue Leistung«, die mit einem anderen Aufgabenbereich Ihres beruflichen Umfelds zusammenhängt.

2014 Überprüfen Sie Ihre Standpunkte gegenüber den Ämtern. Sie dürfen bei wohlgefälligem Verhalten mit gesellschaftlicher Anerkennung rechnen. Setzen Sie im Umgang mit den Beamten auf

Ihr Wissen. Nostradamus würde Ihnen raten, sich auf Ihren Instinkt zu verlassen, wenn es um undurchsichtige Reaktionen geht.
Ein Jahr, in dem sich beruflich nichts Nennenswertes für Sie verändert.

2015 In dieser Periode wäre eine Verbrüderung mit den Beamten möglich. Eine optimale Situation für Sie, wenn Sie Altes aufarbeiten müssen. Rechnen Sie damit, dass es zu einem Zeitenwandel kommt und Sie dann eine gute Ausgangsposition haben werden. Nostradamus würde Ihnen raten, schon jetzt so zu handeln, als ob der Wechsel im Staat und in den Ämtern bereits vollzogen wäre.
Ihr Vorgesetzter wird in absehbarer Zeit auf andere Berater hören. Dies könnte für Sie eine Phase der Veränderung bedeuten.

2. Dekade vom 3. bis 12. September

2005 Ein Jahr, in dem Ihr Durchhaltevermögen erprobt wird. Der Staat, seine Ämter und/oder Ihre Vorgesetzten werden versuchen, Sie einzuschränken. Nostradamus würde Ihnen raten, in diesem Jahr nach einem Rezept zu suchen, wie Sie Ihre Unruhe beherrschen und die notwendige Geduld aufbringen können. Geben Sie sich keinen trügerischen Hoffnungen hin.
Rechnen Sie in diesem Jahr mit stereotypen Verhaltensmustern Ihres Vorgesetzten. Es wäre nützlich, im Voraus zu wissen, wie sich die Situation entwickelt.

2006 Sie spielen in diesem Jahr hitzige Powerspiele mit den staatlichen Institutionen. Nostradamus würde Ihnen raten, der Obrigkeit mit mehr diplomatischem Gespür zu begegnen.
Ihr Vorgesetzter wird in diesem Jahr sehr zögerlich agieren. Alles hängt von Ihrer eigenen Einstellung ab.

2007 Ein kluger Schachzug Ihrerseits, und der Staat und seine Diener lassen Sie in Ruhe. Versuchen Sie, die Gesetzmäßigkeiten des Spiels zwischen Ihnen und den Behörden zu durchschauen. Nostradamus würde Ihnen in diesem Jahr raten, systematisch und besonnen zu handeln, um für die Zukunft vorzubauen.
Ihr Chef steht Ihnen in diesem Jahr positiv und vertrauensvoll gegenüber und wird Ihnen neue Perspektiven bieten.

2008 Die Periode, in der Sie durch geschickte Offensiven viel bei Amtspersonen erreichen können, dauert an. Doch es zeichnet sich ein Konflikt ab, der durch eine schwärmerische Fehleinschätzung ausgelöst wird. Nostradamus würde Ihnen raten, alles Pompöse zu vermeiden und auf grandiose Selbstinszenierungen zu verzichten.
Ein gutes Jahr, in dem Ihre beruflichen Erwartungen erfüllt werden.

2009 Es ist das Jahr der ersten Schritte. Der Staat und seine Ämter werden Ihnen keine Steine in den Weg legen. Nostradamus würde Ihnen raten, auf alles zu verzichten, was Ihre Ansprüche zunichte machen könnte. Konzentrieren Sie sich auf neue Möglichkeiten.
Kein Jahr mit auffälligen Deutungen in Bezug auf Beruf und Karriere.

2010 Wenn Sie geschickt mit dem Staat und seinen Behörden umgehen, steht Ihnen Erfolg ins Haus. Es besteht allerdings die Möglichkeit, dass hierbei die Grenzen des Machbaren erreicht werden. Nostradamus würde Ihnen raten, Ihren Drang nach Aktivität dem Staat gegenüber zu bremsen. Zuviel Tatkraft könnte verhindern, dass sich Ihre Erwartungen erfüllen.
Ihr Vorgesetzter wird in diesem Jahr von außen unter Druck ge-

setzt. Das wirkt sich auf seine Untergebenen aus. Verhalten Sie sich in dieser Situation kooperativ.

2011 Nach wie vor erfüllen Sie bereitwillig alle Vorgaben der Behörden. Enttäuschungen im Umgang mit Beamten drohen. Nostradamus würde Ihnen raten, sich für einige Zeit zurückzuziehen, um eine Änderung einzuleiten.
In diesem Jahr könnten Sie einen neuen Vorgesetzten bekommen. Sie sollten sich auf jeden Fall auf eine neue berufliche Situation einstellen.

2012 Ihre Kontakte zum Staat und seinen Ämtern konsolidieren sich. Ihnen winkt materieller Erfolg durch den Abbau kommunikativer Blockaden. Nostradamus würde Ihnen raten, diese energiegeladene Periode zu nutzen.
Ihr Chef ist durch eigene Missgeschicke abgelenkt. Sie haben dennoch ein gutes Verhältnis zu ihm.

2013 Sie sollten in dieser Zeit auf den Staat und seine Diener zugehen. Richten Sie sich darauf ein, dass Sie in kurzer Zeit viele schicksalsentscheidende Vereinbarungen treffen müssen. Nostradamus würde Ihnen raten, Ihr ganzes Tun auf das irdische Glück auszurichten.
Ein Jahr, in dem Sie mit Lob und Anerkennung durch Ihre Vorgesetzten rechnen können.

2014 In dieser Periode dürften Sie den Höhepunkt Ihrer Glücksphase im Umgang mit dem Staat erreicht haben. Veränderungen wirken sich für Sie positiv aus. Nostradamus würde Ihnen raten, Ihre Fähigkeit zu klugen Schachzügen in dieser Phase voll auszuspielen.
Ihr Vorgesetzter wird Sie in diesem Jahr unterstützen. Sie haben gute Aussichten, befördert zu werden.

2015 Stellen Sie nicht zu hohe Forderungen an die Obrigkeit. Es beginnt für Sie eine Zeit, in der Sie einem mutigen Krieger gleichen, der gegen den falschen Gegner anrennt. Nostradamus würde Ihnen raten, auf Eingebungen nicht zu reagieren. Diese Art von Intuition wäre momentan für Sie schädlich.
Auch in diesem Jahr erhalten Sie durch Ihren Vorgesetzten viel Förderung. Er reagiert positiv auf alles, was Sie tun.

3. Dekade vom 13. bis 23. September

2005 In diesem Jahr stecken Sie sich hohe Ziele. Sie müssen jedoch mit einem ungünstigen Verhältnis zu Behörden und Vorgesetzten rechnen. Man behindert Sie. Da Sie in diesem Jahr das Zeichen der Tapferkeit auf Ihrem Panier tragen, würde Ihnen Nostradamus zum Kampf raten: Es wird sich für Sie mittelfristig lohnen.
Dieses Jahr ist für Sie nicht ohne Probleme. Sie können mit keinem guten Verhältnis zu Ihrem Vorgesetzten rechnen.

2006 Dieses Jahr ist von persönlichem Glück im Umgang mit dem Staat und den Behörden gekennzeichnet. Nostradamus würde Ihnen raten, in einer solchen Periode nicht über das Ziel hinauszuschießen und dadurch Missgunst zu provozieren. Sprechen Sie nicht groß darüber, wenn man Ihnen Ihre Forderungen erfüllt hat.
Ihr Chef steht Ihren Plänen wohlwollend gegenüber. Sie haben günstige Voraussetzungen, in diesem Jahr erfolgreich zusammenzuarbeiten.

2007 Ein risikoreiches Jahr steht Ihnen bevor, denn Sie neigen dazu, sich neue Abenteuer und Ziele zu suchen. Nostradamus würde Ihnen raten, nur Projekte zu beginnen, die wirklich Aussicht auf Erfolg haben.

Sie sind in dieser Periode den wechselnden Erwartungen Ihres Chefs ausgesetzt. Dennoch können Sie mit einer guten Zusammenarbeit rechnen.

2008 Sie neigen dazu, sich durch die Behörden einschüchtern zu lassen. Ihre cleveren Argumente laufen Gefahr, in Selbstbetrug zu münden, d. h. in einer Fehleinschätzung der Situation. Nostradamus würde Ihnen raten, sich nicht von Amtspersonen provozieren zu lassen.
In diesem Jahr können Sie auf einer sachlichen Ebene Förderung durch Ihren Vorgesetzten erfahren.

2009 Täuschungen stehen an. In diesem Jahr müssen Sie damit rechnen, dass sich der Staat weigert, Ihre Erwartungen zu erfüllen. Sie wollen zu viele Ziele gleichzeitig erreichen. Nostradamus würde Ihnen raten, Kooperationsbereitschaft zu signalisieren und eine Vertrauensbasis im Umgang mit den Staatsdienern zu schaffen.
In diesem Jahr dürfte Ihr Vorgesetzter Probleme haben und ist daher nicht so umgänglich wie bisher.

2010 Enttäuschungen sind angezeigt, wenn Sie dem Staat gegenüber nicht mit dem nötigen diplomatischen Gespür begegnen. Nostradamus würde Ihnen raten, vor den Beamten auf der Hut zu sein. Umwälzungen, die nicht von Ihnen verursacht sind, sich aber auch auf Sie auswirken, sind in dieser Periode möglich.
Rechnen Sie in diesem Jahr mit ungewöhnlichen Ereignissen, die Sie und Ihren Chef betreffen. Eine Periode der Unsicherheit.

2011 Sie behaupten sich gegen Ansprüche des Staates, weil Ihnen die rationale Verarbeitung von Differenzen mit Behörden und Beamten derzeit leicht fällt. Dadurch bedingt werden Ihnen neue Erkenntnisse helfen, über die Forderung von Behörden zu

triumphieren. Nostradamus würde Ihnen raten, jede Provokation zu vermeiden.
Ein Jahr, in dem Ihre Leistung von Ihren Vorgesetzten anerkannt wird. Erfolg durch Kommunikation mit Ihrem Chef ist angezeigt.

2012 Im Umgang mit dem Staat zeigen Sie Aktivität, Scharfsinn und Klugheit. Dies führt dazu, dass der Knoten endlich platzt. Nostradamus würde Ihnen raten, die Kraft des Wachstums zu nutzen.
Ein gutes Jahr für die Zusammenarbeit mit Ihrem Vorgesetzten. Er wird Ihre Präzision bei der Arbeit anerkennen.

2013 Nutzen Sie die günstigen Auswirkungen dieser Periode auf Ihr Verhältnis zum Staat und seinen Institutionen aus. Sie können Ihre Forderungen erfolgreich durchsetzen. Nostradamus würde Ihnen raten, keine leichtsinnigen Entscheidungen zu treffen. Rechnen Sie mit einem Umbruch.
Sie sollten in diesem Jahr mit vielen Diskussionen rechnen, die Ihr Aufgabengebiet betreffen. Grundsätzlich ist das positiv zu bewerten.

2014 Im Umgang mit dem Staat und seinen Beamten neigen Sie in dieser Zeit dazu, die Gegebenheiten nicht anzuerkennen. Man könnte versuchen, Sie auszutricksen. Nostradamus würde Ihnen raten, sich auf unvorhergesehene Verluste oder einen großen Knall einzustellen, der Ihre Situation grundlegend verändern dürfte.
Ihr Vorgesetzter ist in diesem Jahr nervös und gereizt. Sie haben keine Vorteile, wenn Sie ihm ungefragt Lösungen vorschlagen.

2015 Ihr Verhältnis zur Obrigkeit ist in dieser Periode gespannt. In Ihnen haben sich Aggressionen aufgebaut, die sich jetzt entladen werden. Andererseits gibt es auch Anzeichen, dass

die Dinge, die Sie im Zusammenhang mit dem Staat einleiten, Früchte tragen werden. Nostradamus würde Ihnen raten, den Behörden gegenüber Wohlverhalten an den Tag zu legen, sich dies aber auch honorieren zu lassen.
Rechnen Sie in diesem Jahr mit einer Verstimmung zwischen Ihnen und Ihrem Vorgesetzten. Sie sollten die Ursachen sehr genau analysieren und Ihrem Chef erklären.

Waage

1. Dekade vom 24. September bis 2. Oktober

2005 Sie stecken sich Ihre Ziele zu hoch und/oder setzen sich vor den Behörden übermäßig in Szene. Ämter und Vorgesetzte gehen nicht auf Ihre Wünsche ein, weil Ihre Beweggründe zu leicht zu durchschauen sind. Nostradamus würde Ihnen raten, Ihre wahren Absichten zu verschleiern, um nicht mit einem Berg von Problemen konfrontiert zu werden.
Ihr Vorgesetzter ist in diesem Jahr überempfindlich. Sie sollten sich bei allen Äußerungen, die Ihren Chef betreffen, zurückhalten.

2006 In diesem Jahr raubt Ihnen der Beruf die Kraft, mit den Behörden erfolgreich zu verhandeln. Nostradamus würde Ihnen raten, herauszufinden, welcher Ihrer Geschäftsfreunde einen mentalen Störsender betreibt, um Ihre stabile Arbeitsgrundlage zu unterminieren.
Ihr Vorgesetzter wird mit Ihnen über weitere berufliche Entwicklungen sprechen. Wohlwollen ist angezeigt.

2007 Eine Periode, in der Sie über den behördlichen Dingen stehen. Nostradamus würde Ihnen in dieser Situation nur einen klugen Kopf und viel Geschick wünschen. Sie können viel erreichen.
Ihr Vorgesetzter wird sich in diesem Jahr nicht eindeutig verhalten. Er könnte unter Druck stehen.

2008 Sie werden im Umgang mit dem Staat und seinen Ämtern übermütig, weil Sie sich mit dem bisher Erreichten nicht zufrieden geben. Nostradamus würde Ihnen raten, sich nicht auf die Gunst der Stunde zu verlassen. Die Periode der ungebremsten Expansion geht zu Ende, obwohl Sie weiterhin vor Ideen nur so sprühen.
Ihr Vorgesetzter wird in diesem Jahr viele Worte hören lassen, denen aber keine Taten folgen.

2009 Diese Zeit ist durch Empfindlichkeiten geprägt. Sie fühlen sich von den Behörden missverstanden oder zu Unrecht bestraft. Es ist angezeigt, dass Sie sich selbst etwas vormachen. Nostradamus würde Ihnen raten, Ihren momentanen Mut nicht in Aggression gegenüber der Obrigkeit ausufern zu lassen. Der Staat würde Sie misstrauisch beobachten.
In diesem Jahr haben Sie es mit Ihrem Chef nicht leicht. Irritationen besonders um Vollmond sind angezeigt.

2010 Zwischen den Staatsdienern und Ihnen kann es in dieser Periode zu »Entladungen« kommen. Versuchen Sie logisch zu argumentieren, um nicht zum Opfer zu werden. Nostradamus würde Ihnen raten, die Dinge beherzt anzugehen und Stolpersteine zu vermeiden. Glück durch Tun ist angezeigt.
Ihr Chef hat in diesem Jahr selbst Schwierigkeiten mit seinen Vorgesetzten. Er wird wenig für Sie tun können. Ihr gutes Verhältnis zu Ihrem Vorgesetzten bleibt davon aber unberührt.

2011 Zwischen Ihnen und dem Staat wird es ein Hin und Her geben. Es ist eine Periode der Unzufriedenheit. Rechnen Sie damit, dass Entscheidungen über Angelegenheiten von Beamten aus dem Bauch heraus gefällt werden. Sie selbst neigen dazu, Intrigen anzuzetteln. Nostradamus würde Ihnen raten, sich auf Hemmnisse seitens des Staates einzustellen und eine instabile Phase einzukalkulieren.
In diesem Jahr könnte Ihr Vorgesetzter ein falsches Bild von Ihnen erhalten. Sie sind vermutlich das Opfer von beruflichen Intrigen. Sorgen Sie dafür, dass Sie mit Ihrem Vorgesetzten im Gespräch bleiben.

2012 Der Staat neigt Ihnen gegenüber zu einer überspannten Dogmatik. Beamte suchen nach Rechtfertigungen, um Ihnen gegenüber ihre Entscheidungen zu begründen. Es ist eine Periode, in der sich Konflikte zuspitzen und Niedertracht vorherrscht. Nostradamus würde Ihnen raten, die Probleme aktiv anzugehen und ihnen nicht auszuweichen. Unterdrücken Sie Ihre Ungeduld und konzentrieren Sie sich auf Ihre Ziele.
Ihr Vorgesetzter wird Ihnen in diesem Jahr einige unangenehme Veränderungen verkünden. Rechnen Sie damit, dass Ihre beruflichen Funktionen beschnitten werden.

2013 In dieser Periode haben Sie Einschränkungen durch die Behörden zu erwarten. Dadurch entsteht für Sie eine unsichere Situation. Sie müssen damit rechnen, falsche Entscheidungen zu treffen. Nostradamus würde Ihnen zum Rückzug aus allen öffentlichen Angelegenheiten raten.
Ihr Vorgesetzter ist durch äußere Umstände sehr frustriert. Abwarten ist angezeigt.

2014 Sie reagieren in diesem Jahr sehr empfindlich auf Forderungen und Interventionen des Staates. Trotzdem finden sich

Anzeichen für die Formulierung von neuen Zielen. Man könnte sagen, dass Sie auf die Beine gekommen und wieder im Geschäft sind. Stellen Sie sich aber auf Veränderungen ein, die nicht von Ihnen ausgehen. Nostradamus würde Ihnen raten, sich nicht in träumerischen Erwartungen zu verlieren. Achten Sie darauf, dass Sie Ihre Tatkraft zur Geltung bringen.
Sie können in diesem Jahr wieder mit der Förderung durch Ihre Vorgesetzten rechnen. Eine gute Periode für Ihre Karriere beginnt.

2015 In diesem Jahr erfahren Sie Anerkennung durch den Staat. Es könnten auch großmütige, versöhnende Gesten von Beamten sein. Nostradamus würde Ihnen raten, in dieser Phase Ihr ganzes diplomatisches Geschick einzusetzen, um die Weichen für eine gute Zukunft zu stellen.
Beruflich ist es ist ein Jahr der unsicheren Verhältnisse. Ihr Vorgesetzter ist nervös, was sich auch auf Sie übertragen wird. Neue Ideen wären die Lösung.

2. Dekade vom 3. bis 12. Oktober

2005 Sie zeigen eine große Bereitschaft zu mutigen Handlungen und viel Tapferkeit – aber auch launische Unentschlossenheit. Nostradamus würde Ihnen raten, gegenüber den Behörden hohle Phrasen zu vermeiden. Überzeugen Sie dadurch, dass Sie Ihre Absichten zielgerichtet umsetzen. In diesem Jahr können Sie Amtspersonen gegenüber viel erreichen.
Ein Jahr der beruflichen Überraschungen steht Ihnen bevor. Sie erhalten in dieser Zeit sehr viele Informationen, die Sie für sich erfolgreich einsetzen können.

2006 Ein Konflikt zwischen Ihnen und den Behörden zeichnet sich in diesem Jahr ab. Nostradamus würde Ihnen raten, Ihr

Selbstvertrauen nicht ins Uferlose wachsen zu lassen, denn Sie neigen in dieser Periode dazu, affektive Störfelder zu verursachen, die der Grund für Ihre Schwierigkeiten sein dürften.
Ihr Vorgesetzter gibt Ihnen in diesem Jahr die Chance, auf die viele lange Zeit warten müssen. Bleiben Sie trotzdem zurückhaltend.

2007 Ihre Haltung zum Staat und seinen Behörden ist von einem Drang nach Unabhängigkeit geprägt. Nostradamus würde Ihnen raten, mehr auf kluges Krisenmanagement zu setzen und weniger auf Ihre Rechte zu pochen. Derzeit würde es zu lange dauern, diese Rechte durchzusetzen.
In den Augen Ihres Vorgesetzten läuft nicht alles so, wie er es erwartet. Rechnen Sie in diesem Jahr mit Behinderungen, die aus Ihrem Kollegenkreis stammen.

2008 Ihnen steht ein Jahr der Fülle bevor. Ihre Kontakte zu den Behörden verlaufen positiv. Die Beamten lassen sich durch die leidenschaftliche Hingabe beeindrucken, die Sie für Ihre Projekte zeigen. Rechnen Sie mit Problemen, die Ihnen Ihr Umfeld bereiten wird. Nostradamus würde Ihnen raten, sich durch Ihr Verhalten gegenüber dem Staat keine Feinde unter Ihresgleichen zu machen.
Ihr Chef übersieht offenbar Ihren Tatendrang. Von ehemaligen Kollegen können Sie sich gute Ratschläge erwarten. Jeweils in den Neumondtagen werden Sie Ihre Anliegen besonders erfolgreich vorbringen können.

2009 Ein Jahr, in dem Sie großes Geschick bei Verhandlungen mit dem Staat und seinen Behörden an den Tag legen. Nostradamus würde Ihnen raten, diese Zeit zu nutzen und durch kreative Pläne die Grundlagen für Ihre Zukunft zu schaffen.
Dieses Jahr ist günstig, um mit Ihrem Vorgesetzten über Veränderungen zu sprechen. Rechnen Sie mit einem ungewöhnlichen Jahr.

2010 Sie lassen sich von den Beamten einschüchtern. In dieser Periode könnte es zu Schwärmerei und Selbsttäuschung kommen. Es ist aber auch eine positive Phase des Wachstums aller Beziehungen. Nostradamus würde Ihnen raten, mit wachem Verstand die Entwicklungen zu beobachten, um rechtzeitig zu erkennen, wann die Situation sich ändert.
Im Großen und Ganzen sollten Sie in diesem Jahr mit Ihrem Vorgesetzten sehr gut zurechtkommen. Veränderungen innerhalb Ihrer Firma oder Ihres Amtes sind für dieses Jahr angezeigt.

2011 Ihre Beharrlichkeit wird Ihnen Erfolg im Umgang mit Ämtern und Staatsbediensteten bescheren. Ihr Gespür für günstige Gelegenheiten ist in dieser Zeit sehr ausgeprägt. Nostradamus würde Ihnen raten, den Mut zur Tat zu verstärken und sich Verbündete zu suchen.
In diesem Jahr ist Ihr Vorgesetzter Ihnen gegenüber sehr aufgeschlossen. Sie können mit ihm gut kommunizieren und sich mühelos in seine Denkweise hineinversetzen.

2012 Da ist in der Kommunikation mit den Ämtern etwas in der »Rohrpost« stecken geblieben. Dennoch ist Erfolg durch Willenskraft und Konzentration auf Ihre Ziele möglich. Nostradamus würde Ihnen raten, den Kontakt zu den Staatsdienern nicht abreißen zu lassen. Schicksalhafte Begegnungen stehen Ihnen bevor.
Ihr Chef könnte Sie in diesem Jahr in eine Aufbauarbeit einbinden. Es ist für Sie ein Jahr der beruflichen Chancen.

2013 In Ihr Verhältnis zum Staat schaltet sich das Schicksal ein. Der übliche Ablauf verändert sich für Sie. Es geht um Auseinandersetzungen von grundsätzlicher Bedeutung. Nostradamus würde Ihnen raten, gegenüber den Beamten nicht als eiskalter Macher aufzutreten.

In diesem Jahr kommt es darauf an, dass Sie das Wohlwollen Ihres Vorgesetzten geschickt nutzen, um für sich das Beste zu erreichen.

2014 Die Periode zeigt an, dass Sie gegen den Staat geschickt in die Offensive gehen werden. Sie können sich gegenüber der Obrigkeit erfolgreich behaupten. Nostradamus würde Ihnen raten, unerwartete Ereignisse einzukalkulieren und ihnen geschickt zu begegnen.
Ihr Chef wird Ihnen gegenüber in diesem Jahr sehr aufgeschlossen sein. Rechnen Sie dennoch mit Verzögerungen.

2015 Hektik im Umgang mit den Ämtern ist für Sie angezeigt. Gehen Sie die Sache nicht zu hitzig an, Sie könnten damit die Beamten überfordern. Nostradamus würde Ihnen raten, in dieser Phase so viele Probleme wie möglich zu lösen. Nutzen Sie die Gunst der Stunde!
Ihr Vorgesetzter wird Ihnen in diesem Jahr zuhören und Sie fördern. Wahren Sie trotzdem die gebührende Distanz, denn die Periode des Glücks hat ein Ende.

3. Dekade vom 13. bis 23. Oktober

2005 Sie stellen in diesem Jahr überzogene Ansprüche an den Staat und an Ihre Vorgesetzten. Dadurch steht Ihnen ein Autoritätskonflikt ins Haus. Nostradamus würde Ihnen raten, sich um eine solide Vertrauensbasis zu bemühen, denn Ihre vitale Lebens- und Durchsetzungskraft wird Sie in diesem Jahr fördern.
Ihr Vorgesetzter ist Ihnen in diesem Jahr äußerst wohlgesinnt. Es ist ein gutes Jahr für die Karriere.

2006 In diesem Jahr gehen Sie alle Behördenangelegenheiten äußerst energisch an. Sie drängen auf Entscheidungen, ohne über genügend Hintergrundwissen zu verfügen. Nostradamus würde Sie auf die Konsequenzen hinweisen und Ihnen raten, auch die Standpunkte des Kollektivs zu berücksichtigen.
In diesem Jahr müssen Sie mit beruflichen Behinderungen rechnen. Mögliche Missverständnisse sind angezeigt.

2007 Staat und Ämter sehen Sie positiv. Es ist das Jahr der ersten Schritte. Die Kraft des Wachstums ist auf Ihrer Seite. Nostradamus würde Ihnen raten, sich auf profitable Ziele zu konzentrieren.
Ihr Chef ist Ihnen gegenüber sehr zurückhaltend. Diskussionen sind in dieser Periode nicht ratsam.

2008 Sie haben in diesem Jahr einen guten Durchblick und können einen klugen Schachzug nach dem anderen ausführen. Der Staat und seine Ämter sind Ihnen nicht feindlich gesinnt. Nostradamus würde Ihnen raten, klug mit der Ernte Ihrer Unternehmungen umzugehen. Vermeiden Sie die Zurschaustellung Ihrer Erfolge. Sie haben Neider!
In diesem Jahr ist Ihr Vorgesetzter nicht bereit, über Einzelheiten Ihrer beruflichen Aufgaben zu sprechen. Er ist äußerst unentschlossen.

2009 Sie werden mit einigen Problemen aus den vergangenen Jahren konfrontiert. Die Behörden haben ein langes Gedächtnis. Die Kraft des positiven Fortschritts lässt Sie jedoch weiterhin erfolgreich agieren.
Ein Jahr ohne große berufliche Ereignisse.

2010 Im Umgang mit dem Staat brauchen Sie in diesem Jahr viel Durchhaltevermögen. Nostradamus würde Ihnen raten, in

Ihren Kontakten zu Beamten systematisch Ordnung zu schaffen. Klare Verhältnisse sind für Sie in Zukunft wichtig.
Ihr Vorgesetzter wird Sie in diesem Jahr unterstützen. Nutzen Sie die Chance!

2011 Sie befinden sich in dieser Periode in einem Autoritätskonflikt mit der Obrigkeit. Sie selbst sind unsicher und sollten daher Außenstehende mit den Verhandlungen beauftragen. Nostradamus würde Ihnen raten, mit Nachdruck auf Ihren Vorstellungen zu beharren. Sie haben Glück.
Erwarten Sie in diesem Jahr neue berufliche Möglichkeiten, die Ihnen von Ihrem Vorgesetzten geboten werden. Diskussionen um Ihren derzeitigen Arbeitsplatz oder Veränderungen sind möglich.

2012 Der Stillstand in der Abwicklung Ihrer behördlichen Angelegenheiten wird sich in dieser Periode auswirken. Frustration Ihrerseits löst Misstrauen bei den Beamten aus. Nostradamus würde Ihnen raten, sich nicht in eine Position der Schwäche drängen zu lassen.
Ihr Vorgesetzter ist in diesem Jahr wenig flexibel. Verhalten Sie sich in allen Fragen, die Ihren Aufgabenbereich betreffen, neutral und äußern Sie sich diplomatisch.

2013 Es ist eine gute Periode für den Umgang mit dem Staat und seinen Behörden. Ihre Fähigkeit, die Beamten raffiniert für sich zu gewinnen, ist in dieser Zeit ausgeprägt. Nostradamus würde Ihnen raten, sich nicht auf Gefühle zu verlassen, sondern Ihre Angelegenheiten mit den Behörden systematisch zu regeln.
Ein Jahr ohne besondere Deutung in Bezug auf Ihre Karriere.

2014 Sie zeigen sich in diesem Jahr sehr engagiert im Umgang mit den Ämtern. Sie geben und Sie nehmen. Es ist eine Periode des Wachstums und des Ausbaus Ihrer Möglichkeiten. Nostrada-

mus würde Ihnen raten, die Gunst der Stunde zu nutzen. Der Mechanismus des Wandels wird auch Sie erreichen.
Rechnen Sie in diesem Jahr mit wenig Anerkennung Ihrer Arbeit durch Ihren Chef. Ansonsten ist es ein Jahr ohne wichtige Deutungen.

2015 Ihre Unzufriedenheit mit dem Staat wächst. Erfolgserlebnisse bleiben aus. Aus der Situation heraus würde Ihnen Nostradamus raten, sich trotzdem immer wieder um neue Projekte zu bemühen, die eine Mitsprache der Ämter erfordern. Freude und Gewinn auf Ihrer Seite sind dann angezeigt.
Das Verhältnis zu Ihren Vorgesetzten wird in diesem Jahr besser werden. Versuchen Sie sich im Hintergrund zu halten und durch Leistung zu glänzen.

Skorpion

1. Dekade vom 24. Oktober bis 1. November

2005 Ein Jahr des Selbstbetrugs ist angezeigt. Sie schätzen Ihr Verhältnis zu den Behörden sowie Vorgesetzten zu positiv ein. Nostradamus würde Ihnen raten, Ihre flammende Rhetorik zu zügeln. Sie wird nicht als Begeisterung gewertet, sondern als Indiz, dass Sie die Höhergestellten überfahren wollen.
Ihr Vorgesetzter wird Sie in diesem Jahr nicht verstehen. Er wird durch Ihre Argumentation meist irritiert sein.

2006 In diesem Jahr könnten Ihre Erwartungen erfüllt werden. Der Staat hält für Sie die Schicksalsfäden in der Hand. Nostradamus würde Ihnen raten, bereits zu einem sehr frühen Zeitpunkt aktiv zu werden, um das Strickmuster der Entscheidungen zu beeinflussen.
Grundsätzlich dürfte sich Ihr Chef sich Ihnen gegenüber wohlwollend zeigen. Dieses Jahr ist durch Ihr eigenes Verhalten geprägt.

2007 Im Umgang mit den Staatsdienern müssen Sie zähes Durchhaltevermögen zeigen. Nostradamus würde Ihnen raten,

unterschwellige Aggressionen abzubauen. Es ist für Sie keine einfache Zeitperiode.
In diesem Jahr sieht Ihr Chef Sie zunehmend kritischer. Diese Kritik wird nicht offen ausgesprochen, daher sollten Sie auf die Anzeichen achten.

2008 Persönlicher Erfolg im Umgang mit den Behörden ist für Sie angezeigt. Unbekümmert gehen Sie auf die Beamten zu und werden akzeptiert. Nostradamus würde Ihnen raten, diese Periode aktiv zu nutzen.
In diesem Jahr erfährt Ihr Vorgesetzter Förderung durch sein berufliches Umfeld. Ein gutes Jahr auch für Ihre Karriere.

2009 Es beginnt eine Periode der Unstimmigkeiten zwischen Ihnen und dem Staat. Sie müssen Ansprüche abwehren. Nostradamus würde Ihnen raten, sich nicht zu sehr auf andere in Ihrer Umgebung zu verlassen. Das Fehlerhafte umgibt Sie.
Ihr Vorgesetzter ermöglicht Ihnen in diesem Jahr eine neue berufliche Chance. Rechnen Sie mit vielen Veränderungen.

2010 Ein Autoritätskonflikt zwischen Ihnen und der Obrigkeit zeichnet sich ab. Vieles werden Sie mit Verhandlungsgeschick und Durchhaltevermögen zu Ihren Gunsten entscheiden können. Nostradamus würde Ihnen raten, sich einen möglichst umfassenden Überblick zu verschaffen, um Verstrickungen mit den Ämtern zu vermeiden. Versuchen Sie nicht, die eine Behörde gegen die andere auszuspielen.
Es ist ein Jahr, in dem Sie im Beruf selbständig agieren müssen. Sie sollten die Gunst der Stunde nutzen und ein gutes Vertrauensverhältnis zu Ihren Vorgesetzten aufbauen.

2011 Durch Streitigkeiten mit Behörden verstricken Sie sich in diesem Jahr in Widersprüche. Das wird zu einem explosiven

Schlagabtausch führen. Achten Sie darauf, dass Sie nicht in Konflikt mit der Obrigkeit geraten, wenn Sie gleichzeitig beruflich überfordert sind. Nostradamus würde Ihnen raten, Behördenangelegenheiten nicht jetzt zu regeln, sondern die Klärung zu vertagen. Sie bekommen in Ihrer derzeitigen gereizten Stimmung nur Probleme mit dem Staat.
Starke Spannungen in Ihrem Verhältnis zu Ihren Vorgesetzten werden in diesem Jahr jeweils um die Vollmondtage sichtbar.

2012 In dieser Periode bewegt sich in Ihren Beziehungen zu den Ämtern nichts mehr. Diese Situation ist schmerzvoll und kann nur durch einen Richtungswechsel Ihrerseits entschärft werden. Nostradamus würde Ihnen raten, mit viel diplomatischem Gespür die Hindernisse zu beseitigen.
Beruflich wird es ein ruhiges Jahr. Es sind keine außergewöhnlichen Entwicklungen angezeigt.

2013 Im Umgang mit den Staatsdienern täuschen Sie sich hinsichtlich der tatsächlichen Meinung der Beamten. Rechnen Sie in dieser Periode mit neuen Erkenntnissen, die Ihnen helfen werden, Probleme im Voraus zu erkennen und abzuschwächen. Nostradamus würde Ihnen raten, diese Zeit sehr gut für sich zu nutzen.
In diesem Jahr haben Sie keinen Zugang zu Ihrem Vorgesetzten. Sie müssen Ihre Arbeit erledigen, ohne ein Feedback zu bekommen.

2014 In dieser Phase gilt »alles oder nichts«. Vom Staat und seinen Ämtern erfahren Sie Anerkennung. Ihre Cleverness hilft Ihnen hierbei. Nostradamus würde Ihnen in dieser Situation raten, den Bogen nicht zu überspannen und keine überzogenen Ansprüche zu stellen, denn Ihnen steht eine Zeit der Veränderung bevor.

In diesem Jahr müssen Sie Nachteile wegen beruflicher Intrigen fürchten. Sie sollten sich bei Äußerungen bezüglich Ihrer Vorgesetzten zurückhalten.

2015 Die Anerkennung durch den Staat wird in dieser Periode anhalten. Ihr Mut bei allen neuen Unternehmungen wird durch die Beamten honoriert. Nostradamus würde Ihnen raten, sich langsam auf die Begrenzung Ihres Höhenfluges durch den Staat einzustellen. Dies dürfte keine persönliche Beschneidung sein, sondern wird an der Gesamtentwicklung liegen.
Weibliche Vorgesetzte werden Sie in diesem Jahr unterstützen. Sie erkennen Fehlentscheidungen, sollten sich aber sehr zurückhaltend darüber äußern oder besser noch gar nicht darüber sprechen.

2. Dekade vom 2. bis 11. November

2005 Sie sollten in diesem Jahr unbedingt Zurückhaltung in allen Behördenangelegenheiten üben. Wenn Sie im Mittelalter leben würden, hätte Sie Nostradamus vor dem Kerker gewarnt. Er würde Ihnen raten, versöhnlich gegenüber Amtspersonen und Vorgesetzten aufzutreten. Versuchen Sie ein herzliches Miteinander anstelle eines überheblichen Alleingangs. Sie haben in diesem Jahr mit dem Revoluzzer-Aspekt zu kämpfen.
In diesem Jahr wird sich Ihr Chef an gute Zeiten erinnern. Orientieren Sie sich daher an Vergangenem, auch vor Ihrer Zeit.

2006 Haben Sie das vorangegangene Jahr gut gemeistert, dann wird Ihnen in diesem Jahr die soziale Anerkennung gewiss sein. Sie sind mutig und tatkräftig. Nostradamus würde Ihnen raten, behutsam neue Kontakte zu knüpfen, die Ihnen helfen können, die Dinge realistisch zu sehen.

Ihr Chef steht Ihnen in diesem Jahr wohlwollend gegenüber. Sie haben gute Voraussetzungen, ein vertrauensvolles Verhältnis aufzubauen.

2007 Es könnte ein Jahr des Größenwahns sowohl von Seiten der Obrigkeit als auch von Ihrer Seite werden. Nostradamus würde Ihnen raten, keine verdrehten Standpunkte zu vertreten und sich keine Gefühlsausbrüche gegenüber Beamten zu leisten.
Ihr Vorgesetzter wird Sie in diesem Jahr sehr fordern und mit einer neuen Situation konfrontieren. Ärgerliche Intrigen sind angezeigt.

2008 Ihr Umgang mit den Staatsdienern ist in diesem Jahr unbekümmert. Sie könnten Kontakte knüpfen, die Ihnen neue Arbeitsimpulse geben. Nostradamus würde Ihnen raten, Ihre Beziehungen zu den Behörden auf eine solide Grundlage zu stellen. Freunde kann man immer gebrauchen.
In diesem Jahr wird von Ihnen im Beruf Verschwiegenheit gefordert, was Ihnen Probleme bereitet. Dadurch wird Ihre Arbeit erschwert.

2009 Eine Zeit, in der Sie Ihre Probleme mit den Ämtern lösen können. Ihr diplomatisches Gespür hilft Ihnen weiter. Von Ihnen geht eine besondere Ausstrahlung aus, die Sie für die Regelung von behördlichen Angelegenheiten nutzen sollten. Nostradamus würde Ihnen raten, Ihre Standpunkte leidenschaftlich zu vertreten, zu verteidigen und durchzusetzen.
Sie sind in diesem Jahr mit ständig wechselnden Meinungen Ihres Vorgesetzten konfrontiert. Vermeiden Sie kritische Diskussionen mit Ihrem Chef.

2010 Eine Periode der Veränderung zeichnet sich ab. Achten Sie auf Situationen, die sich häufig wiederholen. Die Lösung liegt

in der Erfahrung. Wenn Sie erkannt haben, welches Muster dahinter steckt, wissen Sie, wie Sie weiter vorgehen müssen. Nostradamus würde Ihnen raten, systematisch und in der richtigen Reihenfolge Ihre Kontakte zu den Behörden zu intensivieren.
Ein Jahr des beruflichen Wechsels: Entweder Sie bekommen einen neuen Chef, oder eine Situation, die von außen bedingt ist, führt zu Veränderungen. Rechnen Sie mit Verstimmungen.

2011 In dieser Periode steht Ihnen der Aspekt ins Haus, der die Vollendung Ihrer Ziele ankündigt. Ihr energisches Auftreten hilft Ihnen hierbei. Erste Missverständnisse mit Behörden können sich entwickeln, werden sich aber noch nicht auswirken. Nostradamus würde Ihnen raten, in einer Zeit des Glücks auf einen Ausgleich mit Verhandlungspartnern zu achten. Der stabile Ausbau ist jetzt wichtig.
Sie sitzen in diesem Jahr beruflich zwischen allen Stühlen. Da hilft nur Durchhalten!

2012 Der Staat beginnt, Sie zu behindern. Sie werden sich in dieser Periode wehren müssen. Nostradamus würde Ihnen zu Cleverness raten. Sie können nur mit geschickter Argumentation die behördlichen Beschränkungen wieder aufheben.
Sie sollten in diesem Jahr äußerst behutsam mit Ihrem Vorgesetzten umgehen. Stellen Sie sich auf sehr emotionale Kritik in den Vollmondphasen ein.

2013 Sie hängen in der Luft, denn der Staat weigert sich, klare Entscheidungen zu treffen. Sie durchschauen in dieser Periode leicht die Beweggründe der Beamten. Reagieren Sie nicht ärgerlich. Nostradamus würde Ihnen raten, Ihre Gefühle nicht zu zeigen, sondern stets sachlich zu reagieren.
In diesem Jahr müssen Sie mit Intrigen im Kollegenkreis rechnen. Ihr Chef könnte Ihnen Schwierigkeiten bereiten.

2014 Die Lage zwischen Ihnen und den Behörden könnte in diesem Jahr recht verfahren werden. Sie haben aber die Möglichkeit, durch Verhandlungsgeschick für Entspannung zu sorgen. Nostradamus würde Ihnen raten, einen sachlichen Standpunkt zu vertreten. Eine grundlegende Änderung Ihrer Situation ist angezeigt.
In diesem Jahr sollten Sie auf überraschende Entscheidungen oder Reaktionen Ihrer Vorgesetzten gefasst sein. Dies kann Ihr unmittelbares Arbeitsumfeld betreffen, aber auch andere Kollegen mit einbeziehen.

2015 Sie rebellieren gegen den Staat und seine Ämter. Aggressionen infolge einer Bedrohung können zu unkontrollierten Reaktionen Ihrerseits führen, was wiederum Ihre Pläne durchkreuzen könnte. Nostradamus würde Ihnen zur Vorsicht raten, denn Sie sind auf Vergeltung aus. Bedenken Sie die möglichen Reaktionen des Staates.
Das Verhältnis zu Ihrem Vorgesetzten ist durch Missverständnisse hinsichtlich Ihrer beruflichen Perspektiven getrübt.

3. Dekade vom 12. bis 22. November

2005 Sie sollten in diesem Jahr Wichtigtuerei gegenüber Behörden und Vorgesetzten vermeiden. Besser wäre es, andere für sich sprechen zu lassen. Nostradamus würde Ihnen raten, Ihre Angelegenheiten durch Dritte regeln zu lassen. Sie neigen derzeit dazu, sich an keine Normen zu halten, und das sieht keine Behörde gerne.
Dieses Jahr ist für Sie unkompliziert, und Sie können mit einem guten Verhältnis zu Ihrem Vorgesetzten rechnen. Wenn Sie einen neuen Arbeitsplatz haben, dann suchen Sie nach Helfern unter den Kollegen.

2006 Ein unerschöpfliches Füllhorn könnte sich über Sie ergießen, wenn Sie Ihren Umgang mit dem Staat und seinen Beamten den Gegebenheiten angepasst haben. Nostradamus würde Ihnen raten, sich darauf einzustellen, dass es in diesem Jahr für Sie zu unerwarteten Umwälzungen kommen wird.
Beruflich erwartet Sie ein Jahr ohne große Deutungen.

2007 Sie gehen einem Konflikt mit Behörden und Staatsdienern entgegen. Nostradamus würde Ihnen raten, in dieser Situation beharrlich zu sein, aber nicht zu sehr zu provozieren, denn Ihre Cleverness könnte die Beamten verärgern. Nicht zu direkt werden!
Ihr Chef ist in diesem Jahr generell sehr aufgeschlossen. Ihre Anregungen und Vorschläge werden beachtet. Es ist eine günstige Zeit für den Neubeginn von Projekten.

2008 Sie wollen in diesem Jahr Ihre Vorstellungen mit Nachdruck durchsetzen. Mit großem Selbstvertrauen versuchen Sie, die Dinge selbst zu klären, was destruktive Folgen hat. Nostradamus würde Ihnen raten, Ihre Ansprüche zurückzuschrauben und sich an der Realität zu orientieren.
Es ist ein Jahr, in dem Ihr Vorgesetzter Ihre Aktivitäten in einem sehr positiven Zusammenhang sieht und sehr gut beurteilt.

2009 Der Staat wird Sie in dieser Periode dazu zwingen, sich selbst zu behaupten, weil Ihr Verhältnis zu den Beamten unklar ist. Nostradamus würde Ihnen raten, sich aus allen wilden Spekulationen herauszuhalten. Die Klärung der Dinge ist durch klare Aktivitäten oder eindeutige Absichtserklärungen zu erreichen.
In Bezug auf den Umgang mit Ihren Vorgesetzten ist es ein Jahr der Routine. Abwarten ist ratsam.

2010 Für Sie beginnt ein neuer Zyklus in Ihrem Verhältnis zur Obrigkeit. Sie besitzen alle Voraussetzungen, um den Staat »für

sich arbeiten zu lassen«. Nostradamus würde Ihnen raten, die Entwicklung kontrolliert ablaufen zu lassen. Beschränken Sie sich auf das Notwendige.
In diesem Jahr müssen Sie mit einem nervösen und gereizten Vorgesetzten rechnen. Halten Sie sich zurück. Sie haben keine Vorteile zu erwarten.

2011 Ihr Verhältnis zum Staat ist in dieser Periode solide. Auf Ihrer Seite dominieren Scharfsinn, Aktivität und die Bereitschaft, gegebene Situationen zu erkennen. Sie sollten Ihre behördlichen Angelegenheiten klären und dabei keinesfalls offene Posten übersehen. Nostradamus würde Ihnen raten, in diesem günstigen Jahr für Wohlwollen von Seiten der Obrigkeit zu sorgen.
Ihnen steht ein Jahr der Schwierigkeiten mit Ihren Vorgesetzten bevor. Sie haben kaum Chancen, dieser kritischen Situation aus dem Wege zu gehen.

2012 Sie können in diesem Jahr für eine Klärung Ihrer Behördenangelegenheiten sorgen. Bleiben Sie Forderungen der Beamten gegenüber objektiv. Vermeiden Sie es, falsche Ziele anzugeben. Nostradamus würde Ihnen raten, in dieser Periode keine listigen Unternehmungen zu starten.
Ihr Vorgesetzter wird in diesem Jahr aus einer Position der Stärke heraus agieren. Dies wird besonders in den Neumondphasen spürbar sein.

2013 In dieser Periode sind Sie hoch empfindlich, was den Staat und seine Behörden betrifft. Sie sind im Begriff, die Dinge mutig zu regeln, verstricken sich dabei aber in Widersprüche. Nostradamus würde Ihnen raten, wie eine sich häutende Schlange eine neue Situation herzustellen.
In diesem Jahr wird sich Ihr Vorgesetzter kaum profilieren. Es ist eine Phase der beruflichen Routine.

2014 In dieser Periode starten sowohl Sie als auch der Staat eine geschickte Offensive. Rechnen Sie von Seiten der Behörden mit Hochmut. Sie sollten sich auf einen stabilen Neuaufbau konzentrieren und Verstrickungen durch zuviel Raffinesse vermeiden. Nostradamus würde Ihnen raten, sich auf keine undurchsichtigen Argumente zu verlassen, sondern kühl und überlegt zu handeln.
In diesem Jahr lösen Ihre Vorgesetzten berufliche Veränderungen aus. Rechnen Sie mit Überraschungen, was Ihre weitere berufliche Entwicklung betrifft.

2015 Sie befinden sich in einer persönlichen Glücksphase in Bezug auf den Umgang mit dem Staat und seinen Ämtern. Rechnen Sie mit Großzügigkeit, Würde und Vertrauen.
Ihr Vorgesetzter erwartet in diesem Jahr von Ihnen eine Leistung, die Sie nicht erbringen können. Sie sollten sich nach ehemaligen Kollegen umsehen, die sich in einer vergleichbaren Situation befunden haben.

Schütze

1. Dekade vom 23. November bis 1. Dezember

2005 Ihnen steht ein Jahr ruhelosen Denkens bevor. Ausgelöst wird dieses Grübeln durch die Ernüchterung über die Behörden oder Ihre Vorgesetzten. Nostradamus würde Ihnen raten, nicht zu versuchen, das Unergründliche zu ergründen, sondern aktiv im Hier und Heute zu leben. Seien Sie eine Gemse auf der Bergspitze und kein Schaf im Tal.
In diesem Jahr müssen Sie mit einem unklaren Verhältnis zu Ihrem Vorgesetzten leben. Spannungen innerhalb Ihrer Arbeitsgruppe könnten auch Sie betreffen.

2006 Auch in diesem Jahr neigen Sie zu Grübeleien über Ihr Verhältnis zur Obrigkeit. Nostradamus würde Ihnen raten, sich in allen Angelegenheit sehr klug und zurückhaltend zu geben, sonst droht Ihnen ein Absturz aus den Gipfelregionen, und Sie haben Nachteile mangels Überblick.
In diesem Jahr sind für Sie gestörte Informationsflüsse im Beruf angezeigt. Nachteile drohen durch Indiskretionen oder Intrigen.

2007 In diesem Jahr fühlen Sie sich berufen, dem Staat oder den Staatsdienern Ihre Weisheiten zu vermitteln. Nostradamus würde Ihnen raten, nicht zu Ihrem Fürsten zu gehen, wenn Sie nicht gerufen werden. Ein Risiko ist bei allen Aktivitäten angezeigt, die mit den Behörden in Zusammenhang stehen.
Es ist das Jahr der großen Karriere-Chancen. Bleiben Sie trotzdem besonnen. Ihr Vorgesetzter könnte unter Druck geraten und diesen Druck weitergeben.

2008 Sie haben mit Behinderungen durch den Staat zu rechnen. Hierbei stehen Argumente im Vordergrund, die nichts mit Fakten zu tun haben. Nostradamus würde Ihnen raten, sich auf eine Zeit der Einschränkung durch die Behörden einzustellen. Vermeiden Sie gegenüber den Beamten eine zu spitze Zunge.
Beruflich wird es ein Jahr ohne besondere Deutung.

2009 Die Zeit der Überforderung durch Beamte ist immer noch nicht vorüber. Nostradamus würde Ihnen raten, in diesem Jahr keine unüberlegten Aktionen zu starten.
Ihr Chef ist in diesem Jahr mit eigenen Problemen beschäftigt. Er zeigt sich Ihnen gegenüber zugeknöpft. Erzwingen Sie daher keine Gespräche.

2010 Sie entwickeln eine leidenschaftliche Sympathie für den Staat. Nostradamus würde Ihnen raten, sich besonders auf die Hintergründe der behördlichen Entscheidungen zu konzentrieren. Die Situation reizt Sie zu Abenteuern. Aufstieg und Fall stehen derzeit eng beieinander.
Ihr Vorgesetzter wird Sie in diesem Jahr unterstützen. Sie sollten die Chance nutzen und möglichst viele Einzelprojekte abwickeln.

2011 Sie feuern in dieser Periode eine Salve von intellektuellen Argumenten auf den Staat und seine Beamten ab, werden aber

nicht verstanden. Diplomatisches Gespür wäre in dieser Situation eher angebracht. Nostradamus würde Ihnen raten, den Behörden die Bereitschaft zu einer umfassenden Zusammenarbeit zu signalisieren.
In diesem Jahr ist Ihr Vorgesetzter Ihnen gegenüber sehr aufgeschlossen. Sie können gut mit ihm verhandeln und sich in ihn hineinversetzen.

2012 Empfindlichkeiten Ihrerseits sind im Umgang mit den Behörden möglich. Die Krise wird durch Ihr Verhalten verursacht. Nostradamus würde Ihnen raten, sich auf eine härtere Gangart der Beamten einzustellen. Trennen Sie sich freiwillig von Wunschträumen, in denen der Staat Sie belohnt.
In diesem Jahr könnte Ihr Vorgesetzter versetzt werden, unter Umständen auch innerhalb des Betriebes.

2013 Sie ringen in dieser Periode weiter mit den Beamten und dem Staat und sind unzufrieden, weil manches nicht zusammenpasst. Nostradamus würde Ihnen raten, sich selbst den Beginn einer Phase der harmonischen Entfaltung zu suggerieren, um endlich die Reibereien mit den Staatsdienern zu beenden.
Es ist für Sie das Jahr der beruflichen Chancen durch neue Aufgaben. Sie können mit Anerkennung für Ihre Arbeit rechnen.

2014 Der Konflikt mit Autoritäten hält in dieser Periode an. Rechnen Sie mit Hochmut und Verschleierung der Fakten. Ein Ende dieser Situation ist in Sicht. Nostradamus würde Ihnen raten, sich auf eine große Umwälzung einzustellen. Sie verlieren die bisherigen Kontrahenten aus den Augen.
Ihr Chef hat in diesem Jahr eine positive Einstellung. Es kommt darauf an, das Wohlwollen Ihres Vorgesetzten geschickt zu nutzen.

2015 Das Erreichen Ihrer Ziele gegenüber dem Staat wird in dieser Periode möglich. Sie haben viel Energie und Ausdauer. Nostradamus würde Ihnen raten, sich Ihre Möglichkeiten vor Augen zu führen und sich nur auf die wesentlichen Faktoren für ein künftiges Wohlergehen zu konzentrieren.
In diesem Jahr hört Ihr Vorgesetzter auf zu viele Ratgeber. Dies könnte für Sie eine Phase des beruflichen Stillstands werden.

2. Dekade vom 2. bis 11. Dezember

2005 Sie reagieren auf alles, was mit dem Staat, den Behörden oder Ihren Vorgesetzten zu tun hat, äußerst emotional. Mit klugen, wohlüberlegten Schachzügen könnten Sie in diesem Jahr viel erreichen. Nostradamus würde Ihnen raten, Ihren Hang zum Risiko und Ihren Leichtsinn nicht die Oberhand gewinnen zu lassen. Die lockenden Sümpfe sind angezeigt.
Rechnen Sie in diesem Jahr mit unerwarteten beruflichen Aufgaben und Situationen, auf die Ihr Vorgesetzter Sie nicht vorbereitet hat.

2006 Ein Jahr, in dem Vereinbarungen oder Einigungen mit den Behörden möglich sein werden. Nostradamus würde Ihnen raten, auf jede Anwendung von Druck bei der Durchsetzung Ihrer Forderungen zu verzichten.
Es wird für Sie ein positives Jahr im Beruf. Sie können mit der Förderung durch Ihren Vorgesetzten rechnen.

2007 In diesem Jahr lassen Sie sich von der Obrigkeit einschüchtern. Mit diplomatischem Gespür vermeiden Sie es, in Situationen zu geraten, die Sie später Geld kosten werden. Nostradamus würde Ihnen raten, sich auf »finanzielle Fallen« einzustellen.

Das Jahr der anstehenden Entscheidungen. Die Behinderungen, die aus Ihrem Arbeitsumfeld stammen, klingen nun ab.

2008 Ihr Verhandlungsgeschick im Umgang mit dem Staat können Sie in dieser Periode zu Ihren Gunsten einsetzen. Sie müssen damit rechnen, dass es zu Differenzen mit Beamten kommen wird. Nostradamus würde Ihnen raten, sich nicht mit den Dienern des Staates einzulassen. Üben Sie sich in Zurückhaltung.
In diesem Jahr haben Sie es mit Ihrem Chef nicht leicht. Ihr Vorgesetzter wird Sie mit neuen Ideen konfrontieren, auf die Sie nicht vorbereitet sind.

2009 Sie könnten sich in diesem Jahr in Widersprüche verwickeln. Auslöser sind Aktivitäten, die aus einem Missverhältnis von Traum und Wirklichkeit entstanden sind. Nostradamus würde Ihnen raten, sich auf plötzliche Veränderungen einzustellen. Ihre Höhenflüge dürften gestoppt werden.
Es ist ein Jahr, in dem sich die beruflichen Ereignisse überstürzen. Stellen Sie sich auf wechselnde Anforderungen ein. Sie sollten flexibel und mobil bleiben.

2010 Rechnen Sie damit, dass Sie in dieser Periode durch Beamte gekränkt werden. Sie steuern auf einen Widerspruch zu. Es geht um Versäumnisse. Nostradamus würde Ihnen raten, die Fakten zu analysieren, die Sie in diese Situation gebracht haben. Suchen Sie nach der Quelle des trügerischen Handelns.
Die Erwartungshaltung Ihres Vorgesetzten ist in diesem Jahr sehr hoch. Achten Sie auf die Hintergründe, damit Sie seine Absichten durchschauen können.

2011 Das Beste zu geben war in dieser Periode nicht genug. Gewinnen Sie Abstand zum Staat und seinen Ansprüchen. Es besteht die Möglichkeit, dass Ihnen von Beamten eine Falle gestellt

wird. Nostradamus würde Ihnen raten, die weitere Entwicklung passiv abzuwarten. Wenn Sie erste Anzeichen für eine Veränderung erkennen, können Sie Problemlösungen planen.
Es ist ein Jahr, in dem keine Deutungen bezüglich Ihrer beruflichen Entwicklung möglich sind.

2012 Sie werden sich in dieser Periode leicht in Widersprüche verstricken. Das Vorgehen des Staates löst bei Ihnen Ängste aus. Vermeiden Sie in dieser Situation Scheinabsprachen mit Beamten. Nostradamus würde Ihnen raten, sich auf eine neutrale, aber sichere Position zurückzuziehen.
Dies ist ein gutes Jahr für Ihre Karriere. Ihr Vorgesetzter dürfte in Bezug auf Kompetenzverteilungen in diesem Jahr trotzdem wenig flexibel sein. Verhalten Sie sich daher neutral in allen Fragen, die Ihren Aufgabenbereich betreffen.

2013 Die Obrigkeit schüchtert Sie in dieser Periode leicht ein, und die Beamten begegnen Ihnen hochmütig. Nutzen Sie in dieser Periode Ihre Fähigkeit, Widerspruch durch Schlagfertigkeit abzuschwächen. Nostradamus würde Ihnen raten, sich auf alle Behördentermine sehr gründlich vorzubereiten.
Rechnen Sie in diesem Jahr mit einem misstrauischen Vorgesetzten. Er könnte Ihnen Schwierigkeiten bereiten, weil Sie in seinen Augen zu eigenständig arbeiten.

2014 Ihr Verhältnis zum Staat und seinen Ämtern steht in dieser Periode im Zeichen des grundsätzlichen Wandels. Gehen Sie davon aus, dass jetzt Kräfte am Werk sind, die Sie nicht beeinflussen können. Nostradamus würde Ihnen raten, erst einmal abzuwarten, wie der Staat und seine Beamten sich neu organisieren.
Rechnen Sie in diesem Jahr mit einem getrübten Verhältnis zu Ihrem Vorgesetzten. Sie sollten die Ursachen dafür erkennen und mit Ihrem Chef darüber sprechen.

2015 In diesem Jahr könnte es zu einer Einigung zwischen Ihnen und den Behörden kommen. Sie begegnen der Argumentation der Staatsdiener sachlich und erreichen damit Ihr Ziel. Nostradamus würde Ihnen raten, sich durch das Ihnen gegenüber gezeigte Wohlwollen nicht zu Risiken verleiten zu lassen. Fehler durch Unkenntnis der neuen Situation sind angezeigt.
Der Umgang mit Ihrem Vorgesetzten wird in diesem Jahr besonders schwierig sein. Rechnen Sie mit wenig Anerkennung für Ihre Arbeit.

3. Dekade vom 12. bis 21. Dezember

2005 Ihnen steht ein Jahr der Herausforderung bevor, weil Sie mit den Gegebenheiten nicht einverstanden sind. Nostradamus würde Ihnen raten, das Verhältnis zu Vorgesetzten und Behörden nicht zu strapazieren. Selbst dann nicht, wenn Sie gute Gründe dafür hätten. Sie müssen mit Veränderungen in Ihrem Leben rechnen, weil Sie die Sichtweise Ihres Umfeldes nicht nachvollziehen können.
In diesem Jahr sollten Sie mit beruflichen Turbulenzen rechnen, die in erster Linie innerbetrieblich ausgelöst werden.

2006 Ein Jahr, in dem Sie die Behörden herausfordern werden. Nostradamus würde Ihnen raten, genau zu prüfen, ob Ihre Zielsetzung richtig ist und Ihre Erwartungen nicht zu hoch gesteckt sind.
Ihr Vorgesetzter hat Schwierigkeiten, Sie zu verstehen. Prüfen Sie Ihre Argumentation auf Plausibilität.

2007 Der Trend des letzten Jahres setzt sich fort. Sie provozieren alle Vertreter der Obrigkeit. Trotz Ihrer undiplomatischen Vorgehensweise haben Sie hervorragende Aussichten, dass Ihre

Forderungen erfüllt werden. Nostradamus würde Ihnen raten, die Zeit zu nutzen, um Neues zu versuchen oder weitere Eisen ins Feuer zu legen.
Ein Jahr, in dem Ihr Vorgesetzter Probleme bei der Darstellung seiner Abteilung hat. Verhalten Sie sich zurückhaltend.

2008 Ihr Verhältnis zum Staat bleibt weiter gespannt. Sie fordern seine Mitarbeiter heraus. Nostradamus würde Ihnen eine Beschränkung Ihrer Freiheit durch die Obrigkeit voraussagen. Im Mittelalter hieße das Kerkerhaft. Nostradamus würde Ihnen raten, Staatsdienern gegenüber nicht offen aggressiv zu werden.
Dieses Jahr ist günstig, um mit Ihrem Vorgesetzten über Veränderungen zu sprechen. Rechnen Sie damit, dass Ihr Chef Ihnen eine wichtige Aufgabe überträgt.

2009 Empfindlichkeiten Ihrerseits prägen Ihr Verhältnis zum Staat. Auch wenn Sie den Behörden mit großem Mut gegenübertreten, werden Ihre Wünsche durch die Staatsdiener nur in beschränktem Maße erfüllt. Sie neigen dazu, alles oder nichts zu fordern. Nostradamus würde Ihnen raten, in dieser Zeit viele Dinge in Angriff zu nehmen, denn die Kraft des Gelingens wird in den nächsten Monaten zunehmen.
Beruflich wird es ein Jahr der leeren Worte.

2010 Der Staat überschüttet Sie in dieser Periode mit Forderungen. Achten Sie darauf, dass Sie nicht das Opfer des Größenwahns von Staatsbediensteten werden. Ein Rückzug wäre die falsche Entscheidung. Neue Wege einschlagen könnte die Lösung sein. Nostradamus würde Ihnen raten, sich nicht auf Diskussionen mit Beamten einzulassen.
In diesem Jahr müssen Sie mit ungewöhnlichen Ereignissen im Beruf rechnen. Für Ihren Chef ist es eine Periode der Unsicherheit.

2011 In dieser Phase ist Ihr Wille zur Tat ausgeprägt. Sie wollen alles, und zwar sofort. Reagieren Sie besonnen, wenn Ihre Forderungen nicht erfüllt werden. Zwischen Ihnen und dem Staat könnte es zu einer mentalen Hemmung kommen, d. h. Sie verstehen einander nicht. Nostradamus würde Ihnen raten, Ihre Forderungen oder Ziele in kleinen Schritten durchzusetzen.
Erwarten Sie in diesem Jahr neue berufliche Aufgaben. Diskussionen um Ihren derzeitigen Arbeitsplatz sind möglich.

2012 Orientierungslosigkeit ist angezeigt. Trotzdem werden Ihre Erwartungen erfüllt, denn Sie befinden sich in einer Periode mit hervorragenden Aussichten. Nostradamus würde Ihnen raten, Neues im Umgang mit dem Staat und seinen Beamten zu erproben.
Insgesamt sollten Sie in diesem Jahr mit Ihrem Vorgesetzten sehr gut zurechtkommen. Veränderungen innerhalb Ihrer Firma oder Ihres Amtes sind für dieses Jahr angezeigt.

2013 Sie sind mit der Obrigkeit nicht einverstanden. Sie erkennen Widersprüche und streiten sich mit den Staatsdienern. Nostradamus würde Ihnen zur Vorsicht raten, weil durch erkennbare Versäumnisse Ihrerseits die Weiterentwicklung Ihrer Projekte gefährdet ist.
In diesem Jahr ist Ihr Verhältnis zu Ihrem Vorgesetzten ungetrübt. Sie haben gute Aussichten, von ihm gefördert zu werden.

2014 Eine Phase der Orientierungslosigkeit gegenüber dem Staat hat begonnen. Ärgerliche Entscheidungen verhärten Ihre Meinung. Seitens der Beamten müssen Sie mit Eitelkeiten rechnen. Nostradamus würde Ihnen raten, nicht zu resignieren, sondern Ihre Überzeugungskraft ohne Rücksicht auf die Gefühle anderer einzusetzen.
Es ist ein gutes Jahr für Ihre Karriere.

2015 Versuchen Sie, in diesem Jahr mit den Behörden ein Bündnis einzugehen. Sie können in dieser Phase nichts aus eigener Kraft durchsetzen. Nostradamus würde Ihnen raten, sich nur an die »Mächtigen« zu halten und Informationen zum eigenen Nutzen zu sammeln.
Ihr Chef wird in diesem Jahr auf Ihre Ratschläge hören.

Steinbock

1. Dekade vom 22. bis 31. Dezember

2005 Sie hegen falsche Annahmen in Bezug auf Behörden, Gerichte, Anwälte oder treffen sogar Entscheidungen auf der Grundlage dieser Vermutungen. Nostradamus würde Ihnen in diesem Jahr raten, keine Vereinbarungen mit Behörden einzugehen oder Aussagen unter unklaren Bedingungen zu machen. Sie sollten sich in diesem Jahr nur die Wünsche erfüllen, deren Konsequenzen Sie klar erkennen können.
Beruflich ist es ein Jahr der Veränderungen. Ein Wechsel Ihres Aufgabenbereichs oder Ihres Vorgesetzten steht an. Rechnen Sie mit Anpassungsschwierigkeiten.

2006 Sie haben ein Jahr des Streits mit den Behörden zu erwarten. Nostradamus würde Ihnen empfehlen, möglichst passiv zu bleiben.
Für dieses Jahr können Sie ein gutes Verhältnis zu Ihrem Vorgesetzten erwarten. Ihnen wird die Arbeit leicht gemacht werden.

2007 Ein Jahr des Hochmuts im Umgang mit dem Staat ist für Sie angezeigt. Konflikte mit Behörden sind somit zu erwarten. Nostradamus würde Ihnen raten, sich auf einen unerwarteten Blitzschlag einzustellen, denn es zeichnet sich ab, dass Sie die Schwelle überschreiten und zurückgewiesen werden.
In diesem Jahr können Sie Ihren Vorgesetzten fordern. Die Umsetzung Ihrer beruflichen Vorstellungen ist möglich.

2008 Sie haben eine Zeit der Einschränkung durch den Staat zu erwarten. Das könnte die Organisation Ihrer Geschäfte, aber auch Ihres Privatlebens betreffen. Nostradamus würde Ihnen raten, der Behinderung durch die Behörden mit Ihrer vitalen Lebens- und Durchsetzungskraft zu begegnen. Kämpfen Sie clever!
Ihr Vorgesetzter wird Sie in diesem Jahr unerwartet in eine Situation bringen, in der Sie nicht weiterwissen. Dies kann sich vor allem in den Neumondphasen wiederholen.

2009 Nicht erfüllte Erwartungen an den Staat können Sie dieses Jahr belasten. Schicksalsfäden werden gesponnen. Nostradamus würde Ihnen raten, die Dinge zu hinterfragen und die Auswirkung der eigenen Ideen zu prüfen. Gehen Sie systematisch vor, dann gelingt Ihnen vieles im Umgang mit den Behörden.
Meinungsverschiedenheiten zwischen Ihnen und Ihrem Vorgesetzten stehen in diesem Jahr bevor. Vermeiden Sie kritische Diskussionen.

2010 Schäumender Übermut aufgrund von Erfolgen im Umgang mit den Ämtern ist angezeigt. Nostradamus würde Ihnen raten, auf die hundertprozentige Erfüllung Ihrer Forderungen zu verzichten. Beamte könnten Ihnen aus Zorn an anderer Stelle schaden.
In diesem Jahr werden Sie von Ihrem Vorgesetzten sehr kritisch beurteilt. Sie sollten daher versuchen, Ihre Aufgaben korrekt zu erledigen und keine Fehler zu machen.

2011 Sie versuchen in dieser Periode, mit großem Eifer Ihre hochfliegenden Pläne bei den Behörden durchzusetzen. Rechnen Sie mit einer überraschenden Wendung in Ihren Angelegenheiten. Ihr Verhältnis zum Staat ist explosiv. Nostradamus würde Ihnen raten, vorsichtiger zu sein. Würden Sie im Mittelalter leben, müsste er Sie vor den Schergen des Königs warnen.
Während der Neumondphasen müssen Sie in diesem Jahr mit überraschenden Entscheidungen Ihrer Vorgesetzten rechnen. Dies kann Sie persönlich, aber auch Ihr Arbeitsgebiet generell betreffen.

2012 Der Staat stellt in diesem Jahr zu hohe Forderungen an Sie. Rechnen Sie mit einer Zeit der Einschränkungen durch die Behörden. Nostradamus würde Ihnen raten, nicht im Weltschmerz zu versinken. Alles ist im Fluss, und Ihr Verhältnis zum Staat wird sich wieder normalisieren.
In diesem Jahr haben Sie mit einem hyperaktiven Vorgesetzten zu rechen. Bleiben Sie besonnen und vermeiden Sie Zwist.

2013 Ihre Angelegenheiten mit dem Staat gehen Ihnen in diesem Jahr unter die Haut. Einiges wird ins Ungleichgewicht geraten, und es kann zu heftigen Auseinandersetzungen kommen. Nostradamus würde Ihnen zur Vorsicht raten, weil Sie sich in eine undurchsichtige Aktion verstricken könnten.
Ein Jahr der Risiken, denn Sie werden in Situationen geraten, in denen Sie selbständig Entscheidungen treffen müssen, ohne Rücksprache mit Ihrem Vorgesetzten halten zu können.

2014 Ihr Umgang mit den Behörden ist in diesem Jahr von Verschleierungen geprägt. Sie reagieren extrem aggressiv und müssen sich vor den Staatsdienern in Acht nehmen. Nostradamus würde Sie vor plötzlichen Aktionen der Beamten warnen und Ihnen raten, einen sicheren Ort für sich zu schaffen.

Ihr Chef wird sich Ihnen gegenüber in diesem Jahr sehr freundlich zeigen. Während der Vollmondphasen könnte Unruhe von außen hereingetragen werden.

2015 Ihnen wird Anerkennung durch den Staat zuteil. Nutzen Sie diese Periode. Intrigen sind angezeigt. Nostradamus würde Ihnen raten, sich Ihrem Umfeld gegenüber sehr zurückhaltend zu verhalten. Es besteht die Gefahr, dass man Sie verleumdet.
In diesem Jahr wird Ihnen Ihr Vorgesetzter viel Geduld abverlangen. Ihre beruflichen Vorhaben verzögern sich, weil der Chef unentschlossen ist.

2. Dekade vom 1. bis 10. Januar

2005 Sie engagieren sich in diesem Jahr stark für öffentliche Belange oder für politische Ideen, die dem Staat nützen. Ihre Sucht nach Bewunderung wird von der Öffentlichkeit, von Ämtern oder Parteien ausgenutzt werden. Nostradamus würde Ihnen raten, für Ihr Engagement keinen Dank zu erwarten.
In diesem Jahr müssen Sie eventuell ohne einen direkten Vorgesetzten agieren. Sind Sie neu am Arbeitsplatz, bitten Sie Ihre Kollegen um Hilfe.

2006 Ein Jahr, in dem die Behörden Ihre Pläne zum Scheitern verurteilen könnten. Sie erreichen gesellschaftliche Anerkennung, aber keine wirklichen Problemlösungen. Nostradamus würde Ihnen raten, sich nicht in die Intrigen der Ämter einbinden zu lassen. Sie provozieren dadurch nur, und die Antwort würde nicht lange auf sich warten lassen.
Ihr Vorgesetzter steht Ihnen in diesem Jahr positiv gegenüber. In den Neumondphasen werden Sie zu unkritisch reagieren.

2007 Für Sie ist für dieses Jahr angezeigt, dass Sie nur mit zähem Durchhaltevermögen die Lage meistern werden. Der Staat könnte einige Ihrer Pläne scheitern lassen. Nostradamus würde Ihnen raten, sich an den Gedanken zu gewöhnen, dass Sie Ihre Projekte aufgeben müssen.
Ein Jahr, in dem Ihr Chef Ihren beruflichen Einsatz nicht anerkennt. Warten Sie geduldig ab.

2008 In diesem Jahr wird sich der Trend verstärken, der zum Scheitern Ihrer Pläne führen könnte. Der Staat ist daran beteiligt. Eine Ursache für die Konflikte ist in Ihrem verloren gegangenen Realitätssinn zu suchen. Nostradamus würde Ihnen raten, sich jeder Täuschung und Selbsttäuschung zu entziehen, weil es sonst zu einer Zeit der Einschränkung kommen dürfte.
Ein Jahr der kritischen Auseinandersetzungen mit Ihrem Chef und Ihren Kollegen. Verhalten Sie sich umsichtig.

2009 Eine grundlegende Veränderung Ihres Standpunktes zum Staat verändert für Sie alles zum Positiven. Sie befinden sich in Übereinstimmung mit sich selbst und nutzen dies zu Neuanfängen. Nostradamus würde Ihnen raten, auch angesichts Ihrer viel versprechenden Aussichten bescheiden zu bleiben. Die Sucht nach Bewunderung könnte die Beamten verärgern.
In diesem Jahr sind generelle Veränderungen Ihres beruflichen Aufgabengebietes möglich.

2010 Ihre Sucht nach neuen Erfahrungen mit Beamten und Ämtern könnte unversehens zu einem Abenteuer werden. Nostradamus würde Sie vor einer sich häutenden Schlange warnen. Ihnen steht eine Phase der Ungewissheit bevor.
Sie sollten sich in diesem Jahr auf viele berufliche Veränderungen einstellen. Ihr Vorgesetzter wird Neuerungen einführen und dadurch Unruhe unter Ihren Kollegen provozieren.

2011 Ihre Stimmungslage ist stabil. Sie sind stolz auf sich. Der Staat und seine Behörden können Sie nicht aus dem Gleichgewicht bringen. In dieser Periode können Sie Ihre Vorstellungen gut durchsetzen. Nostradamus würde Ihnen raten, jetzt möglichst viele Fragen zu klären und eventuelle Probleme zu lösen.
In diesem Jahr wird sich Ihr Vorgesetzter sehr wankelmütig zeigen. Verzögerungen sind möglich, wenn es darum geht, die Verantwortlichkeiten festzulegen.

2012 In dieser Periode können Sie die meisten offenen Behördenangelegenheiten klären. Finden Sie heraus, was man von Ihnen erwartet. Sie haben die Möglichkeit, die Hintergründe aufzuklären. Nostradamus würde Ihnen raten, Ihre Anliegen sachlich und Punkt für Punkt mit den Behörden zu regeln. Vermeiden Sie aggressives Auftreten, das aus Selbstüberschätzung entstehen könnte.
Beruflich ist es ein Jahr ohne besondere Deutungen.

2013 Das Glück der Tüchtigen ist Ihnen hold, weil Sie Ihre behördlichen Angelegenheiten durch Beharrlichkeit regeln konnten. Eine Periode der harmonischen Entfaltung ohne Behinderungen durch den Staat ist angezeigt. Nostradamus würde Ihnen raten, diese Situation besser im Stillen zu nutzen statt überschäumend zu prahlen.
Ein Jahr der beruflichen Routine. Schwierigkeiten mit Ihrem Vorgesetzten wird es kaum geben. Ihr Chef agiert aus einer Position der Stärke.

2014 Sie fühlen sich gegenüber dem Staat als »Alleskönner«. Möglicherweise agieren Sie in dieser Phase eiskalt. Nostradamus würde Ihnen raten, auch in einer Zeit des Höhenfluges an Ihre Umgebung zu denken, denn eine tickende Zeitbombe ist für Sie angezeigt.

In diesem Jahr kann es durch innerbetriebliche Umstände zu Behinderungen Ihrer Arbeit kommen. Es ist eine Zeit, in der es auf gute Gespräche ankommt.

2015 In diesem Jahr gibt es eine Blockade in der Kommunikation zwischen Ihnen und dem Staat. Die Beamten treffen ihre Entscheidungen nur zögerlich. Nostradamus würde Ihnen raten, sich nicht auf ein Ziel zu versteifen, sondern sich Wege offen zu halten.
Rechnen Sie damit, dass Sie sich in den Augen Ihres Vorgesetzten in diesem Jahr übernommen haben. Er ist ungeduldig.

3. Dekade vom 11. bis 20. Januar

2005 In diesem Jahr stellen Sie überzogene Ansprüche an die Behörden oder Amtspersonen, von denen Sie sich Entscheidungen erhoffen. Sie wollen alles, und zwar sofort. Nostradamus würde Ihnen raten, sich auf eine Durststrecke einzustellen und mit einem Jahr der Einschränkungen zu rechnen.
Starke berufliche Spannungen um die jeweiligen Neumondtage werden in diesem Jahr für Sie sichtbar. Die Spannungen gehen von Ihnen aus.

2006 Das Jahr der Enttäuschungen durch Behörden und Beamte. Nostradamus würde Ihnen raten, sich auf den stabilen Aufbau Ihrer Projekte zu konzentrieren, um so Ihre Unzufriedenheit zu überwinden. Er würde Ihnen einen Gipfelblick in Aussicht stellen.
In diesem Jahr kommt es zu Missverständnissen zwischen Ihnen und Ihrem Vorgesetzten. Vor allem bei neuen Projekten müssen Sie klare Absprachen treffen.

2007 In diesem Jahr neigen Sie dazu, in Ihren Auseinandersetzungen mit den Behörden auf Nebenkriegsschauplätze auszuweichen. Sie sollten sich Verbündete suchen.
Ihr Chef ist in diesem Jahr wieder bereit, Ihre Anregungen und Vorschläge anzuhören. Achten Sie auf das Umfeld Ihres Vorgesetzten. Von dort können Sie Unterstützung erwarten.

2008 Im Umgang mit Behörden und Staatsdienern spielen suggestive Beeinflussungen eine Rolle. Es kommt zu Verstimmungen mit Amtspersonen. Diese Probleme können Sie jedoch meistern. Nostradamus würde Ihnen raten, sich engagiert um Anerkennung zu bemühen. Eine Besserung der Lage durch bessere Informationsflüsse ist gewiss.
Ein Jahr, in dem Ihr Vorgesetzter Ihre Aktivitäten in einem sehr positiven Zusammenhang sieht. Nutzen Sie die Chancen, die Ihnen geboten werden.

2009 Sie haben das Glück auf Ihrer Seite, was den Umgang mit dem Staat und seinen Dienern angeht. Einige Dinge, die bisher nicht im Gleichgewicht waren, lassen sich jetzt stabilisieren. Nostradamus würde Ihnen raten, in jedem Fall auf die Beamten zuzugehen, um die eigenen Rechte zu wahren.
In diesem Jahr sind im Beruf keine Besonderheiten zu erwarten. Gefährden Sie nicht Ihr Ansehen bei Ihren Vorgesetzten durch Aktivitäten, die nicht eindeutig zugeordnet werden können.

2010 Die Periode, in der Sie ein günstiges Verhältnis zum Staat haben, hält im Großen und Ganzen an. Ein unerwartetes Ereignis wird Ihre Beziehungen zu den Beamten jedoch erschweren. Nostradamus würde Ihnen raten, abzuwarten und nur dann zu handeln, wenn Sie Ihren Vorteil gefährdet sehen.
Es ist ein Jahr, in dem Ihr Verhältnis zu Ihrem Vorgesetzten unklar ist. Spannungen treten um die jeweiligen Vollmondtage auf.

2011 Sie befinden sich in einer Periode der inneren Unzufriedenheit. Die Behörden strapazieren Ihre Nerven. Sie suchen nach einem Erfolgsrezept, wie Sie Forderungen des Staates abwenden können. Nostradamus würde Ihnen raten, jetzt nicht mit dem Feuer zu spielen, denn Sie sitzen auf einem Pulverfass.
In diesem Jahr gibt es im Beruf viele Worte, aber wenig fruchtbare Diskussionen. Sie haben es mit Ihrem Vorgesetzten nicht leicht.

2012 Im Umgang mit der Obrigkeit spielen Raffinesse und die richtige Wortwahl eine entscheidende Rolle. Rechnen Sie damit, dass man Ihnen Knüppel zwischen die Beine werfen wird. Falsche Beurteilungen könnten Ihnen schwierige Zeiten bereiten. Nostradamus würde Ihnen raten, Ihre Behördenangelegenheiten durch einen Dritten erledigen zu lassen.
Nach einer unruhigen Zeit werden Sie von Ihren Vorgesetzten in diesem Jahr in Ruhe gelassen. Es wird sich für Sie nichts Außergewöhnliches im Beruf tun.

2013 Ihre Art, mit dem Staat und seinen Ämtern umzugehen, zeitigt Erfolge. Sie haben einen starken Willen, und das Glück ist auf Ihrer Seite. Nostradamus würde Ihnen raten, Ihre Lage beinahe täglich zu analysieren. Sie müssen sich ständig Klarheit über Ihre Vorgehensweise verschaffen. Eine grundlegende Veränderung ist möglich.
In diesem Jahr können Sie gut mit Ihrem Vorgesetzten zusammenarbeiten. Schwierigkeiten lassen sich schnell aus dem Weg räumen. Verhalten Sie sich in allen Situationen neutral.

2014 Sie sind den Lockungen der Mächtigen im Staat und in den Ämtern ausgesetzt und geben nach. Rechnen Sie mit einer Periode der Orientierungslosigkeit, weil wesentliche Kontaktpersonen wegfallen. Nostradamus würde Ihnen raten, schon sehr

früh damit zu beginnen, die Ursachen für künftige Kümmernisse zu erkennen.
Ein gutes Jahr in der Zusammenarbeit mit Ihrem Vorgesetzten. Sonst sind keine auffallenden Deutungen möglich.

2015 Plötzliche Ereignisse verändern Ihre Perspektive. Die Behörden sinnen auf Vergeltung. Sie müssen Angelegenheiten aus der Vergangenheit aufarbeiten. Nostradamus würde Ihnen raten, im Umgang mit dem Staat und seinen Bediensteten sehr viel Umsicht walten zu lassen. Im Mittelalter hätte das bedeutet, dass der Souverän Sie verfolgt.
Rechnen Sie bei Ihrem Vorgesetzten mit häufig wechselnden Meinungen. Seien Sie flexibel, damit keine Missverständnisse entstehen können.

Wassermann

1. Dekade vom 21. bis 30. Januar

2005 Sie haben in diesem Jahr viel Glück im Umgang mit der Obrigkeit im weitesten Sinne. Für Sie ist es ein Jahr der »entschärften Emotionen« gegenüber allen Anordnungen von oben. Nostradamus würde Ihnen raten, durch das Streben nach den höchsten Gipfeln nicht Ihre Feinde aus den Augen zu verlieren.
Rechnen Sie mit Irritationen im Verhältnis zu Ihrem Chef, die durch nicht eingelöste Zusagen verursacht werden.

2006 Ein Jahr, in dem erste verschleierte Anzeichen für künftige Probleme mit Behörden und dem Staat im weitesten Sinne für Sie sichtbar werden. Nostradamus würde Ihnen raten, auf leere Versprechungen und auf Personen zu achten, die sich als Drescher hohler Phrasen entpuppen. Seien Sie egoistischer.
Sie müssen in diesem Jahr mit Behinderungen durch Ihre Vorgesetzten rechnen. Sehen Sie dies als Teil einer längerfristigen Entwicklung.

2007 Langsam wird die Täuschung sichtbar, der Sie sich hingegeben haben. Im Umgang mit Behörden begegnen Sie Ihrem eigenen Schatten. Nostradamus würde Ihnen raten, sich über Ihre Freunde und Feinde in der Obrigkeit ein klares Bild zu verschaffen.
Beruflich ist es ein Jahr ohne besondere Deutungen.

2008 Innerhalb der Behörden kann es zu Problemen mit der Organisation kommen. Unstimmigkeiten über die Abläufe können Ihnen zu schaffen machen. Nostradamus würde Ihnen raten, sich bei den Staatsdienern, mit denen Sie zu tun haben, genau zu informieren, was wann und durch wen bearbeitet wird. Verzögerungen könnten so vermieden werden.
In diesem Jahr wird Ihr Vorgesetzter viel reden, aber wenig unternehmen. Erwarten Sie daher für sich nicht allzu viel.

2009 Die Enttäuschung könnte in diesem Jahr Ihre Persönlichkeit beherrschen. Die Behörden zeigen sich Ihren Anliegen gegenüber verschlossen. Nostradamus würde Ihnen raten, nicht in eine Verweigerungshaltung dem Staat gegenüber zu geraten. Nachteile durch Missverständnisse drohen.
Beruflich wird es ein Jahr ohne große Ereignisse.

2010 Rangeleien und Widersprüche im Umgang mit dem Staat und den Behörden sind weiterhin angezeigt. Ein solches Verhältnis macht auf die Dauer mürrisch. Nostradamus würde Ihnen raten, jedem Einwand von Beamten mit Schlagfertigkeit zu begegnen und ihnen gegenüber Ihre Position unmissverständlich zu vertreten.
Es ist ein Jahr der schwierigen Aufgaben und der falschen Kollegen. Ihr Chef wird wenig für Sie tun können. Sie haben aber ein gutes Verhältnis zu Ihrem Vorgesetzten.

2011 Das Auf und Ab in Ihrem Verhältnis zu den Behörden dauert an. Offene Versäumnisse sind die Ursache für behördlich angeordnete Entsagungen. Nostradamus würde Ihnen raten, diese Periode der Schwäche besonnen zu überstehen.
In diesem Jahr könnten Sie durch Ihre Vorgesetzten weiter in ein falsches Bild gerückt werden. Sie werden vermutlich das Opfer beruflicher Intrigen.

2012 Der Staat und seine Bediensteten bereiten Ihnen ärgerliche Hindernisse. Es kommt zu Zwangslagen, die Sie nur durch konsequente Planung vermeiden können. Nostradamus würde Ihnen raten, Ihre Stärken voll auszunutzen und neue Kontakte zu den Behörden zu knüpfen.
Von diesem Jahr an wird das Verhältnis zu Ihrem Vorgesetzten zunehmend entspannter sein. Ihnen wird die Möglichkeit geboten, eine Aufbauarbeit zu leisten.

2013 Ihr Umgang mit dem Staat ist von Ungeduld und hitziger Zielstrebigkeit geprägt. Mit Verhandlungsgeschick und Phantasie werden Sie mehr erreichen. Achten Sie auf Intrigen in Ihrer Umgebung. Diese Periode steht im Zeichen des Wandels. Nostradamus würde Ihnen raten, gründlich nachzudenken, klug zu handeln und einen Gipfelblick auf Ihr persönliches Ziel zu riskieren.
Beruflich ist es ein Jahr ohne besondere Deutungen.

2014 In dieser Periode ist ein zweifacher Autoritätskonflikt angezeigt. Zum einen geht es um Rangeleien mit Behörden und deren Beamten, zum anderen um Streitigkeiten in der oder mit der Öffentlichkeit. Nostradamus würde Ihnen raten, Ihre Ansichten zu verschleiern, um in dieser Zeit möglichst wenige Angriffspunkte zu bieten. Unterdrücken Sie den drängenden Impuls zur Vergeltung.

Ihr Vorgesetzter wird Sie weiter fördern. Rechnen Sie aber mit kritischen Tönen besonders in den Tagen des Neumonds, die die Präzision Ihrer Arbeit betreffen.

2015 Aktivität im Umgang mit dem Staat ist in diesem Jahr angezeigt. Sie können die Spannungen der Vergangenheit durch Scharfsinn, Klugheit und Informationsdrang abbauen. Nostradamus würde Ihnen raten, die Gegebenheiten zu akzeptieren. Achten Sie auf höhergestellte Beamte. Deren Entscheidungen sind für Sie wichtig.
Es ist ein Jahr der unsicheren beruflichen Verhältnisse. Ihr Chef wird nervös. Rechnen Sie mit Veränderungen.

2. Dekade vom 31. Januar bis 9. Februar

2005 Sie sehen Ihr Verhältnis zum Staat in diesem Jahr zwiespältig. Nostradamus würde Ihnen raten, sich nicht auf Routineabläufe zurückzuziehen, sondern aktiv mit den öffentlichen Institutionen umzugehen.
Eine unerwartete Entwicklung eröffnet Ihnen neue berufliche Möglichkeiten. Ihr Vorgesetzter greift bevorzugt auf Sie zurück.

2006 Sie müssen ein Jahr der Unstimmigkeiten mit dem Staat und seinen Mitarbeitern erwarten. Nostradamus würde Ihnen raten, genau zu prüfen, welcher Standpunkt realistisch ist und Ihnen die erwarteten Zusagen bringen könnte. Sie kommen in diesem Jahr mit Kompromissen weiter.
Ein Jahr, in dem Sie ein gutes Verhältnis zu Ihrem Chef haben werden. Zeichen des Vertrauens sind angezeigt.

2007 Sie verhalten sich aufgrund der Erfahrungen in letzter Zeit den Behörden gegenüber sehr aggressiv. Nostradamus

würde Ihnen Zurückhaltung empfehlen, denn man wird Ihnen Ihre Grenzen aufzeigen.
Es ist ein Jahr der beruflichen Enttäuschungen. Aus der Sicht Ihres Vorgesetzten haben sich die äußeren Umstände verändert. Er könnte unsicher werden.

2008 Vermeiden Sie in diesem Jahr jede Selbstüberschätzung gegenüber den Behörden. Die Periode zeigt Trennungstendenzen an. Man könnte über Ihren Kopf hinweg entscheiden. Nostradamus würde Ihnen raten, die Konfrontation mit den Beamten nur zu suchen, wenn Sie alle Fakten kennen.
Sie müssen in diesem Jahr mit einem äußerst unentschlossenen Vorgesetzten rechnen. Es ist daher wenig sinnvoll, mit ihm über Ihre beruflichen Aufgaben zu sprechen.

2009 Organisieren Sie in diesem Jahr Ihr Verhältnis zum Staat und seinen Ämtern neu. Legen Sie unbedingt Wert auf klare Abläufe. Nostradamus würde Ihnen raten, den Beamten gegenüber nicht zu offen Ihre Meinung zu vertreten. Sie haben gute Aussichten, von einer Institution wohlwollend behandelt zu werden.
Sie werden in diesem Jahr beobachten, dass Ihr Vorgesetzter zunehmend gereizter wird. Er hat Probleme, von denen Sie nichts ahnen. Achten Sie auf die äußeren Umstände Ihrer Kommunikation.

2010 Im Umgang mit dem Staat wird Ihnen eine Einsicht in die Gegebenheiten von großem Nutzen sein. Begegnen Sie Beamten pragmatisch und operieren Sie nur mit gesicherten Fakten. Sie können sich in dieser Periode durchsetzen. Nostradamus würde Ihnen raten, keine unrealistischen Ansprüche zu formulieren oder Forderungen mit falschen Begründungen zu untermauern.
Veränderungen innerhalb Ihrer Firma oder Ihres Amtes sind für

dieses Jahr angezeigt. Falls Sie erste Anzeichen bemerken, verhalten Sie sich diplomatisch.

2011 Sie könnten in diesem Jahr Ihre Anliegen gegenüber der Obrigkeit durchsetzen. Sie stehen dem Staat souverän gegenüber. Es ist allerdings die Tendenz gegeben, die Situation überzogen für sich auszunutzen. Nostradamus würde Ihnen raten, in dieser Erfolgsperiode möglichst alle behördlichen Angelegenheiten zu Ihren Gunsten zu regeln.
Es ist ein Jahr der Befreiung für Sie. Ihr Vorgesetzter wird sehr eng mit Ihnen zusammenarbeiten. Sie haben die Möglichkeit, kurzfristig gute Ergebnisse zu erzielen.

2012 Der Staat bereitet Ihnen eine Periode schwindender Illusionen. Es sind Erfahrungen, die man sich nicht so ohne Weiteres wünscht. Rechnen Sie mit Unsicherheiten durch neue Unfreiheit oder Abhängigkeit in Ihren Entscheidungen. Nostradamus würde Ihnen raten, dass Sie sich trotz aller Angriffe von Seiten der Ämter zurückhalten. Wenn der Fürst nach Opfern sucht, sollte man möglichst nicht sichtbar sein: So hätte er einem Zeitgenossen empfohlen.
Ihr Vorgesetzter akzeptiert Ihre Arbeit. Er wird jedoch zunehmend kritischer und zeigt sich in diesem Jahr wenig flexibel.

2013 Sie verwirklichen Ihre Anliegen gegenüber dem Staat und seinen Ämtern geschickt. In dieser Phase ergreifen Sie die Initiative und bringen ins Stocken geratene Gespräche wieder in Gang. Rechnen Sie für sich mit einer Periode des Wandels oder der Veränderung. Nostradamus würde Ihnen raten, sich nicht in Illusionen zu flüchten. Nehmen Sie das, was Sie sehen und erleben, ernst.
Dieses Jahr hält viele gute Tage für Sie bereit. Sie können beruflich einiges erreichen.

2014 Unsachliches steht zwischen Ihnen und dem Staat und seinen Behörden. Rechnen Sie mit einem abrupten Stopp Ihres Höhenfluges. Nostradamus würde Ihnen raten, dass Sie in der gegebenen Situation auf jeden Fall vermeiden sollten, sich gegen den Staat oder dessen Beamte aufzulehnen. Denn dabei liegt die Gefahr nahe, den Kopf zu verlieren.
In diesem Jahr stehen sachliche Diskussionen zwischen Ihnen und Ihrem Chef, aber auch mit Ihren Arbeitskollegen an. Rechnen Sie damit, dass Ihr Vorgesetzter sich neutral verhalten wird.

2015 Der Informationsfluss zwischen Ihnen und dem Staat und seinen Beamten funktioniert kaum noch. Ursache für diese Hemmung sind Ämter, die gegeneinander arbeiten. Nostradamus würde Ihnen raten, dass Sie in dieser Phase aktiv auf die Staatsbediensteten zugehen und das Gespräch suchen.
Es ist ein Jahr, das von einem sachlichen Verhältnis zu Ihrem Vorgesetzten geprägt ist. Rechnen Sie mit einer Periode der Arbeit und weniger der Planung und des Diskutierens.

3. Dekade vom 10. bis 19. Februar

2005 Sie werden in diesem Jahr vieles klären können. Nostradamus rät Ihnen, alle Konflikte, die zwischen Ihnen und dem Staat, Parteien oder Behörden in den letzten Jahren entstanden sind, aktiv aus der Welt zu schaffen. Zu seiner Zeit hätte er Ihnen auch empfohlen, strittige Grenzfragen zu klären.
In diesem Jahr gibt es für Sie keine Deutungen in Bezug auf Ihren Beruf.

2006 Im Umgang mit den Behörden sollten Sie sich nicht allzu offen geben. Nostradamus würde Ihnen raten, die Klärung der anstehenden Fragen nicht mit Nebenkriegsschauplätzen zu ver-

binden. Es besteht die Möglichkeit, dass Sie zwar das eine erreichen, das andere aber verlieren.
Beruflich ist es ein Jahr der unerwarteten Ereignisse. Von Ihrem Vorgesetzten gehen Neuerungen aus, die jede Routine stören können.

2007 Die Kommunikation zwischen Ihnen und den für Sie wichtigen Beamten ist in diesem Jahr schlecht. Der unbekümmerte Umgang mit den Behörden bringt Ihnen nichts. Nostradamus würde Ihnen raten, den augenblicklichen Trend für sich zu nutzen und Ihre Ansprüche an den Staat auf sachliche Informationen zu gründen. Damit könnten Sie Erfolg haben.
Ihr Chef steht Ihnen in diesem Jahr neutral gegenüber. Die Arbeitsatmosphäre ist sachlich.

2008 Eine Periode, die gut ist für Absprachen, schriftliche Vereinbarungen und für die generelle Zusammenarbeit. Nostradamus würde Ihnen raten, alle Schritte den Behörden gegenüber schriftlich abzusichern, denn eine Tendenz spricht dafür, dass Sie sich sonst in Dinge verstricken, die Sie nie gewollt haben. Von der Obrigkeit droht Ihnen Schicksalhaftes.
In diesem Jahr werden Sie Ihrem Vorgesetzten positiv auffallen. Gehen Sie davon aus, dass er Ihre Leistungen registriert, aber nicht darüber spricht.

2009 In diesem Jahr ändert sich manches. Ihr Höhenflug wird gestoppt, und Ernüchterung gegenüber dem Staat setzt ein. Nostradamus würde Ihnen raten, sich nicht durch lockende Aussichten auf juristisches Glatteis zu begeben. Selbstbewusstes Auftreten wird die Durchsetzung Ihrer Pläne begünstigen.
In diesem Jahr haben Sie die Chance, mit Ihrem Vorgesetzten über berufliche Veränderungen zu sprechen. Dafür sind vermutlich mehrere Gespräche erforderlich.

2010 Durch Ihren geschickten Umgang mit den Beamten erreichen Sie in dieser Periode sehr viel. Nostradamus würde Ihnen raten, sich in dieser günstigen Situation nicht auf erheuchelte Ziele einzulassen. Durch provozierendes Verhalten könnten Sie Überreaktionen auslösen.
Sie sollten die Chancen dieser Periode für sich nutzen. Von Ihrem Vorgesetzten können Sie Unterstützung erwarten.

2011 Vermeiden Sie es, bei den Behörden Verwirrung zu stiften. Falsche Schlussfolgerungen sind in dieser Periode angezeigt. Es geht um Rechtfertigungen und Forderungen. Nostradamus würde Ihnen raten, sich dem Staat und seinen Dienern gegenüber sehr zurückhaltend zu verhalten. Alles, was Sie unternehmen, wird von der anderen Seite als Angriff gewertet. Überlegen Sie genau, was Sie tun.
Sie können in diesem Jahr berufliche Veränderungen erwarten, die ganz in Ihrem Sinne sind. Achten Sie auf alles, was Sie schriftlich niederlegen.

2012 Die Auseinandersetzungen mit den Staatsdienern werden durch Autoritätskonflikte ausgelöst. Ihre zu ehrgeizigen Pläne oder Absichten stören die Behörden. Rechnen Sie mit Ablehnung. Nostradamus würde Ihnen raten, sich nicht verbittert zurückzuziehen. Die Zurückweisung durch die Staatsdiener würde sich so verstärken.
Ein Jahr, in dem Sie sehr erfolgreich arbeiten werden. Ihre Leistung wird von Ihrem Vorgesetzten gesehen und anerkannt.

2013 Diese Periode steht für Sie im Zeichen von Aktivität, Klugheit und Verhandlungsgeschick. Allerdings müssen Sie mit einem schlagartigen Ende dieser Phase rechnen. Es kommt zu Missverständnissen oder Verleumdungen. Nostradamus würde Ihnen raten, nicht einfach das Feld zu räumen, weil Sie so die

positiven Ergebnisse Ihrer Verhandlungen zunichte machen würden.
Es besteht die Möglichkeit, dass Ihr Vorgesetzter Sie überfordert. Rechnen Sie mit einem arbeitsreichen Jahr.

2014 Das Ende einer Phase positiver Ergebnisse im Umgang mit dem Staat ist für Sie angezeigt. Nostradamus würde Ihnen raten, sich so zu verhalten, dass Sie nicht das Opfer zerstörerischer Kräfte werden. Der Wandel wird durch ein plötzliches Ereignis herbeigeführt, auf das Sie keinen Einfluss haben.
Ein Jahr ohne besondere Deutung in Bezug auf Beruf und Karriere.

2015 In dieser Periode werden viele Entscheidungen von den Beamten aus dem Bauch heraus gefällt. Das ist nicht in Ihrem Sinne. Nostradamus würde Ihnen raten, in ständigem Kontakt mit denjenigen zu bleiben, die für oder gegen Sie entscheiden könnten.
Sie fallen in diesem Jahr Ihrem Chef weder positiv noch negativ auf. Es ist für Sie ein neutrales Jahr.

Fische

1. Dekade vom 20. bis 29. Februar

2005 Es ist das Jahr der ersten Schritte. Eine neue Entwicklung zeichnet sich für Sie ab. Ihr Verhältnis zur Obrigkeit im weitesten Sinne wird sich positiv verändern. Nostradamus würde Ihnen raten, Ihre Hingabe an alles, was die Öffentlichkeit betrifft, etwas zurückzunehmen. Durch zu große Offenheit könnten Sie Ihren Gegnern Angriffsfläche bieten.
In dieser Periode reagieren Sie sehr empfindlich auf Ihre Vorgesetzten. Überprüfen Sie, ob die Kritik berechtigt ist, ehe Sie sich in den Schmollwinkel zurückziehen.

2006 Sie können ein glückliches Jahr im Umgang mit der Obrigkeit erwarten. Setzen Sie Ihren Ehrgeiz daran, alle offenen Fragen mit den Behörden jetzt zu klären. Nostradamus würde Ihnen raten, nicht über die Stränge zu schlagen, auch wenn das Glück in diesem Jahr auf Ihrer Seite ist.
In dieser Periode müssen Sie mit einem gestörten Informationsfluss rechnen. Entweder behält Ihnen Ihr Vorgesetzter wichtige Fakten vor, oder Sie leiten wesentliche Informati-

onen nicht an ihn weiter. Das kann zu Missverständnissen führen.

2007 In diesem Jahr neigen Sie dazu, aus Ihrer Glückssträhne einen Führungsanspruch gegenüber dem Staat abzuleiten. Nostradamus würde Ihnen raten, sich auf die Zeit vorzubereiten, in der Sie nicht mehr so erfolgreich sein werden.
Ihr Chef arbeitet in diesem Jahr eng mit Ihnen zusammen. Es ist für Sie ein Jahr der guten Anregungen und Vorschläge.

2008 Die Zeit, in der Sie Vorstellungen gegenüber den Behörden problemlos durchsetzen konnten, geht zu Ende. Sie werden mit Gegenargumenten konfrontiert, die den reibungslosen Ablauf stören. Nostradamus würde Ihnen raten, Ihre Gefühle nicht über Ihren Verstand herrschen zu lassen. Sie brauchen jetzt einen klaren Kopf.
In diesem Jahr haben Ihre Kollegen mehr Einfluss auf Ihren Vorgesetzten als Sie. Dies ist besonders in den Neumondphasen spürbar.

2009 Alles, was mit der Obrigkeit zu tun hat, könnte jetzt bei Ihnen Verwirrung hervorrufen. Achten Sie darauf, dass Ihre Forderungen an den Staat realistisch sind. Nostradamus würde Ihnen raten, sich in dieser Zeit auf kluge Schachzüge zu beschränken. Es ist eine Phase der Vorbereitung, um später reichlich zu ernten.
Rechnen Sie damit, dass Ihr Vorgesetzter nicht damit einverstanden ist, wie Sie Ihre Arbeit erledigen. Achten Sie darauf, dass daraus keine Probleme bei der Erledigung Ihrer Arbeit resultieren.

2010 Der Staat ermöglicht es Ihnen, Ihre Ziele zu verwirklichen. Zeigen Sie gegenüber den Beamten Ihre Lernwilligkeit.

Nostradamus würde Ihnen raten, bei kurzzeitigen Verzögerungen nicht ungeduldig zu werden oder sogar Aggressionen zu zeigen. Denn das Glück ist auf Ihrer Seite.
Ihr Vorgesetzter zeigt Ihnen in diesem Jahr eine neue Perspektive auf. Sie müssen mit Veränderungen rechnen.

2011 Sorgen Sie durch gute Organisation dafür, dass Ihr Erfolg im Umgang mit dem Staat anhält. Sie beherrschen die Abläufe, kennen die Hintergründe und haben das nötige Geschick, um die Dinge in Ihrem Sinne zu regeln. Nostradamus würde Ihnen raten, keine erheuchelten Ziele zu verfolgen und möglichst direkt und ohne psychologische Finten zu agieren.
Dies ist das Jahr, in dem Sie alle Chancen haben, sich bei Ihren Vorgesetzten ins rechte Licht zu stellen. Nutzen Sie diese günstige Periode auch in Bezug auf Ihre Kollegen.

2012 Sie haben alle Möglichkeiten im Umgang mit dem Staat. Dies geht jedoch nicht ohne Spannung ab. Ihre Bereitschaft zu Kampf oder Streit ist in dieser Periode sehr ausgeprägt. Ihre Schwäche liegt in Ihrer unsteten Vorgehensweise. Nostradamus würde Ihnen raten, sich durch Arbeit an der Sache den Erfolg zu sichern und jedes Nichtstun, das aus trügerischer Hoffnung erwächst, zu vermeiden.
Dieses Jahr müssen Sie mit einem nervösen Vorgesetzten rechnen. Das gilt besonders für die Vollmondphasen.

2013 Die Behörden stellen Forderungen an Sie. Keine sehr angenehme Situation. Nostradamus würde Ihnen raten, in dieser Zeit möglichst Ihre Zunge zu hüten. Sie müssen mit scharfen Blicken und gespitzten Ohren in Ihrer Umgebung rechnen.
Ein ruhiges und harmonisches Jahr, was das Verhältnis zwischen Ihnen und Ihrem Vorgesetzten angeht.

2014 Zum einen ist für Sie in dieser Periode ein Autoritätskonflikt mit dem Staat angezeigt, zum anderen aber auch das Erreichen Ihrer Gipfelziele. Nostradamus würde Ihnen raten, durch umsichtiges Verhalten den größtmöglichen Nutzen für sich herauszuschlagen. Sollte Ihnen der Gipfelsturm verweigert werden, sollten Sie auf Rachegedanken und überstürzte Reaktionen verzichten.
Ihr Vorgesetzter wird in diesem Jahr sehr dominant auftreten. Eine Anforderung, die von außerhalb Ihres Arbeitsumfeldes kommt, könnte für Sie vieles verändern.

2015 Informationslücken prägen diese Phase in Ihrem Verhältnis zur Obrigkeit. Rechnen Sie mit entsprechenden Reaktionen der Behörden. Nostradamus würde Ihnen raten, den Beamten entgegenzukommen, denn aus dieser Richtung könnte man Ihnen schaden.
In diesem Jahr ist Ihr Vorgesetzter wetterwendisch. Sie werden Schwierigkeiten haben, sich auf seine Anforderungen einzustellen. Missverständnisse liegen in der Luft.

2. Dekade vom 1. bis 10. März

2005 Auch wenn für Sie ein gesellschaftlicher Aufstieg möglich ist, zieht doch ein Autoritätskonflikt herauf. Nostradamus würde Ihnen raten, in diesem Jahr keine »lose Zunge« gegenüber der Obrigkeit an den Tag zu legen. Würden Sie im Mittelalter leben, hätte er Sie vor dem Kerker gewarnt.
Es ist ein Jahr, in dem Sie ein vertrauensvolles Verhältnis zu Ihren Vorgesetzten aufbauen können. Arbeiten Sie gegenwartsorientiert.

2006 Stillstand im Umgang mit den Behörden zeichnet sich ab. Nostradamus würde Ihnen raten, dieser Periode mit verstärktem

Engagement und intensiven Kontakten zur Obrigkeit zu begegnen.
Dieses Jahr zeichnet sich durch ein klares Verhältnis zu Ihrem Vorgesetzten aus. Ihr Chef ist Ihnen gegenüber positiv eingestellt.

2007 Der Staat wird Ihr persönliches Glück künftig einschränken. Auslöser könnte eine überzogene Forderung oder ein Anspruch sein, den Sie in Verkennung der Lage zum falschen Zeitpunkt stellen. Nostradamus würde Ihnen raten, Ihr Streben nach Genuss und Überfluss zu mäßigen.
Beruflich ist es ein Jahr ohne besondere Deutung.

2008 Ihr Verhältnis zur Obrigkeit ist in diesem Jahr durch Täuschen und Getäuschtwerden gekennzeichnet. Das hat mit Ihrer augenblicklichen Neigung zur Besserwisserei zu tun. Nostradamus würde Ihnen raten, mit Ihrer persönlichen Meinung hinter dem Berg zu halten.
Rechnen Sie in diesem Jahr damit, dass Ihr Vorgesetzter nicht erkennt, dass Sie überlastet sind. Sie erwartet ein Jahr der Überforderung.

2009 Sie begegnen dem Staat in dieser Phase mit Ungeduld. Sie verstehen die behördlichen Entscheidungen, können aber die Folgen nicht akzeptieren. Nostradamus würde Ihnen raten, spontane Gefühlsäußerungen gegenüber Beamten zu vermeiden. Sie haben derzeit einen großen Willen zur Tat. Weniger fühlen – mehr tun!
Es ist ein Jahr, in dem Ihre Leistung durch Ihren Vorgesetzten anerkannt wird. Nutzen Sie die Gunst der Stunde.

2010 Ihr Verhältnis zum Staat ist durch Empfindlichkeiten getrübt. Sie sind von behördlichen Maßnahmen betroffen und zei-

gen gegenüber den Beamten Unsicherheiten, die Ihnen nicht nützlich sein werden. Dennoch können Sie in dieser Periode die Grundlagen für eine zukünftige positive Entwicklung legen. Nostradamus würde Ihnen raten, sehr umsichtig bei der Durchsetzung Ihrer Forderungen vorzugehen.
Rechnen Sie damit, dass Sie in diesem Jahr arbeiten können, ohne dass Ihr Vorgesetzter Einfluss auf Ihre Arbeit nimmt. Ansonsten ist es ein Jahr der Routine.

2011 Für Sie ist eine Periode des Größenwahns angezeigt. Der Staat wird entsprechend darauf reagieren, was zur Verbitterung Ihrerseits führen kann. Ihre Vorstellung von Freiheit deckt sich nicht mit derjenigen der Institutionen, die Ihre Freiheiten einschränken können. Nostradamus würde Ihnen raten, sich nicht auf Einflüsterungen oder Ratschläge von Freunden einzulassen. Im sachlichen Umgang mit den Beamten haben Gefühle derzeit keinen Platz.
In diesem Jahr werden in Ihrem Verhältnis zu Ihren Vorgesetzten um Neumond starke Spannungen sichtbar. Diese Spannungen werden überwiegend durch Sie verursacht.

2012 Sie betrügen sich selbst, weil Sie den Handlungsspielraum des Staates ignorieren. Die Behörden könnten Ihnen eine Zeit der Selbstbeschränkung auferlegen. Nostradamus würde Ihnen raten, die Schwachpunkte in Ihrer Vorgehensweise gegenüber den Beamten zu erkennen. Unbeteiligte Dritte könnten Ihnen die Augen öffnen.
Ein Jahr, in dem Ihr Chef Sie hängen lässt. Sie sollten alles tun, um Missverständnisse zu vermeiden.

2013 Eine Periode, in der Sie nicht wissen, wie Sie mit den Behörden umgehen sollen. Rechnen Sie mit einem gespannten Verhältnis zu den Beamten. Eine Verhärtung der Beziehungen ist

angezeigt. Sie haben es mit einer tickenden Zeitbombe zu tun. Nostradamus würde Ihnen raten, Ihr Bild vom Staat penibel zu überprüfen. Es steckt eine Täuschung oder Selbsttäuschung darin.
Sie müssen in diesem Jahr mit einem unklaren Verhältnis zu Ihrem Vorgesetzten rechnen. Stellen Sie sich auf sehr emotionale Kritik in den Vollmondphasen ein.

2014 Die Obrigkeit schüchtert Sie in dieser Periode ein. Trotz der Querelen mit den Beamten können Sie alle neuen Möglichkeiten ausschöpfen. Ein kluger Schachzug sichert Ihnen das Erreichte. Nostradamus würde Ihnen raten, sich auf die wichtigsten Projekte zu konzentrieren, denn die Zeit des Wohlwollens seitens der Ämter läuft ab. Seien Sie bereit, Teilgebiete Ihrer Pfründen aufzugeben.
Während der Neumondphasen dieses Jahres können Sie mit Aktivitäten Ihres Vorgesetzten rechnen. Neue Zeichen werden gegeben. Es ist ein Jahr der Veränderungen.

2015 Kluges Verhalten gegenüber dem Staat zahlt sich in dieser Periode aus. Es ist die Zeit der Ernte. Nostradamus würde Ihnen raten, sich darauf einzustellen, dass Sie in nächster Zeit von Ihren »Vorräten« leben müssen.
In diesem Jahr finden Sie keinen Zugang zu Ihrem Vorgesetzten. Sie erledigen Ihre Arbeit, ohne viele Fragen zu stellen.

3. Dekade vom 11. bis 20. März

2005 Sie müssen mit einem Jahr der »schrillen Versuchungen« rechnen. Alles, was Sie in diesem Jahr für oder gegen die Behörden unternehmen, wird auf Sie zurückfallen. Nostradamus würde Ihnen raten, den Umgang mit den Ämtern an einen Drit-

ten zu delegieren, wann immer Sie beruflich überfordert sind. Sicherheit und Ordnung könnten der Lohn sein.
In diesem Jahr diskutieren Sie viel mit Ihrem Chef. Seien Sie auf jeden Fall diplomatisch, wenn es um Kollegen geht.

2006 Richten Sie sich darauf ein, dass es in diesem Jahr zu Meinungsverschiedenheiten zwischen Ihnen und Amtspersonen kommen wird. Nostradamus würde Ihnen raten, sich vor falscher Selbsteinschätzung zu hüten und möglichst emotionslos zu handeln. Das Jahr signalisiert hervorragende Aussichten und einen viel versprechenden Neubeginn!
Sie können in diesem Jahr mit einer positiven Atmosphäre in Ihrem beruflichen Umfeld rechnen. Ihr Chef verhält sich Ihnen gegenüber neutral.

2007 Ein Jahr, in der Ihr Ehrgeiz und Ihre hitzige Zielstrebigkeit den Höhepunkt überschreiten. Nostradamus würde Ihnen raten, aus einer sicheren Position heraus Ihre behördlichen Angelegenheiten für die nächsten Jahre optimal zu regeln.
In diesem Jahr muss Ihr Vorgesetzter auf äußere Einflüsse reagieren. Er wird berufliche Veränderungen vornehmen müssen.

2008 Eine Periode des Stillstands erwartet Sie. Bei den Behörden geht in nächster Zeit nichts mehr. Ihre Erwartungen werden nicht erfüllt. Nostradamus würde Ihnen raten, sich geduldig auf eine neue Zeit vorzubereiten. Erledigen Sie in Ruhe Ihre Aufgaben, der Rest wird sich zu gegebener Zeit regeln.
Ihr Vorgesetzter ist in diesem Jahr häufig anderer Ansicht als Sie. Vermeiden Sie daher berufliche Aktivitäten, die Sie nicht zuvor mit Ihrem Chef abgestimmt haben.

2009 Ein Konflikt mit dem Staat wird sich in dieser Periode manifestieren. Ungerechte Behandlung oder Beurteilung durch

Beamte könnte bei Ihnen zu beharrlichem Widerstand führen. Nostradamus würde Ihnen raten, systematisch vorzugehen, um sich eine gute Ausgangslage zu verschaffen, damit die Dinge in Ihrem Sinne entschieden werden.
Beruflich ist es ein Jahr ohne besondere Deutung.

2010 In diesem Jahr entscheidet es sich, ob Ihr Verhältnis zum Staat künftig gestört sein wird. Sie können eine gute Zusammenarbeit erreichen, wenn Sie Streit vermeiden. Soziale Anerkennung ist angezeigt. Nostradamus würde Ihnen raten, gegenüber Beamten möglichst zurückhaltend zu argumentieren, ohne jedoch Schwäche zu zeigen.
Bei Ihnen verändert sich in diesem Jahr beruflich vieles. Rechnen Sie mit Überraschungen.

2011 Ihr Verhältnis zur Obrigkeit befindet sich in einer explosiven Phase. Man wird Sie behindern, und Sie werden mit Gewalt Ihre Meinung durchsetzen wollen. Daraus resultieren Ihre Schwierigkeiten. Nostradamus würde Ihnen raten, die anstehenden Probleme mit Hilfe des Verstandes und nicht mit dem Gefühl zu lösen. Es geht um soziale Anerkennung, die Sie nicht mit Gewalt erzwingen können.
Das Jahr, in dem Ihr Vorgesetzter Ihre Nerven unbeabsichtigt strapaziert. Sie haben keine Vorteile und werden auch nichts ändern, wenn Sie die Probleme ansprechen.

2012 Sie sind in diesem Jahr sehr verwundbar und sollten Hysterie vermeiden. Der Staat könnte Sie verletzen. Nostradamus würde Ihnen dringend raten, sich in dieser Situation mit möglichst vielen Beratern zu umgeben. Sie leben in einer Periode des Wandels.
Beruflich ist es ein Jahr ohne besondere Deutung.

2013 Weiterhin viel Verwirrung im Umgang mit den Behörden. Es liegt etwas in der Luft, was jederzeit manifest werden könnte. Nostradamus würde Ihnen raten, dem Staat gegenüber äußerste Zurückhaltung zu üben und so wenig wie möglich in Erscheinung zu treten. Im Mittelalter hätte er vom Kerker gesprochen, in der heutigen Zeit könnte es sich eher um die Verhinderung Ihres beruflichen Erfolges handeln.
Sie haben ein gutes Verhältnis zu Ihrem Chef. Rechnen Sie in diesem Jahr aber mit Querelen aus dem Kollegenkreis.

2014 Eine Neigung zur Selbstüberschätzung nach überstandener Gefahr kennzeichnet diese Periode. Sie können die Behörden in dieser Zeit durch Ihr Wissen überzeugen. Üben Sie aber keinen Druck aus. Nostradamus würde Ihnen raten, möglichst wenig an Vergeltung für erlittenes Unrecht zu denken, sondern stattdessen Ihre Intuition für Ihre neue Lebenslage einzusetzen. Abwägen ist besser als wagen.
In diesem Jahr müssen Sie sich bei Ihrem Vorgesetzten alles erkämpfen. Sie sollten auf jeden Fall mit ihm im Gespräch bleiben.

2015 Der Staat wird Sie in dieser Periode eher einschränken als fördern. Stellen Sie sich darauf ein, dass Sie mit den Behörden gezwungenermaßen zusammenarbeiten müssen. Sie spielen in dieser Phase Schicksal für andere. Nostradamus würde Ihnen raten, sich auf eine möglichst neutrale Position zurückzuziehen und gegenüber jedermann verschwiegen zu bleiben.
Dieses Jahr ist günstig, um mit Ihrem Vorgesetzten über Ihre Karriere zu sprechen. Jeweils in den Neumondtagen werden Sie Ihre Wünsche besonders erfolgreich vorbringen können.

Teil III

Anhang

Nostradamus – sein Sehertext und die Zeitordnung

Eine umfassende Darstellung der Dechiffrierungskunde im Zusammenhang mit den Texten des Nostradamus würde den Rahmen dieses Buches sprengen. Sie ist in den Büchern *Das Siegel des Nostradamus* und *Nostradamus – Handbuch des Weltschicksals* hinreichend beschrieben. Trotzdem soll für den Interessierten oder Erstleser an dieser Stelle skizzenhaft auf die Technik des Nostradamus eingegangen werden.

1. Das Prinzip der Sternentafel

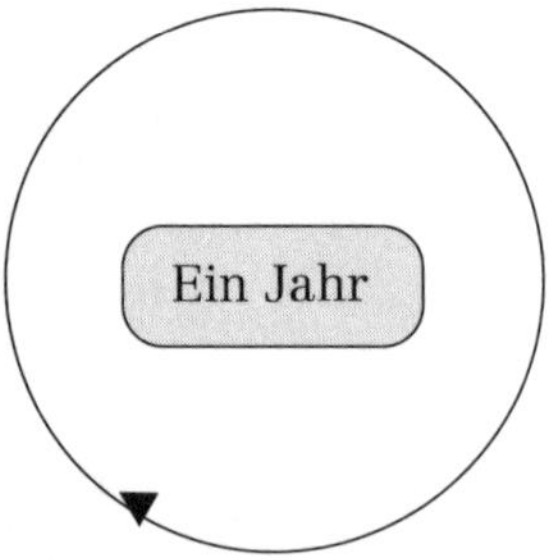

Unsere Erde benötigt rund 365 Tage, um die Sonne einmal zu umkreisen. Die Erde befindet sich nach dieser Zeitperiode wieder etwa an dem Punkt, an dem sie sich vor einem Jahr auf ihrer Umlaufbahn befunden hat. Nostradamus spricht in seinen Texten von »revolu« im Sinne von »Umwälzen« oder »se ronder« im Sinne von »sich runden«. Beide Begriffe werden nicht exakt im heutigen Wortsinne gebraucht, werden aber als häufig wiederkehrende Formulierungen im Zusammenhang mit dem Ende eines Kreislaufs von Planeten in den Texten des Nostradamus verwendet.

Eine Umkreisung der Erde um die Sonne entspricht einem Jahr und einem Vierzeiler in den Prophezeiungen des Nostradamus.

Nostradamus hat die Jahre wie eine Perlenkette gesehen. Jeweils hundert Perlen dieser Kette bezeichnete er mit dem Begriff »Centurie« und fasste sie in einem »Buch« zusammen. Man kann dies sowohl mit »Hundertschaft« als auch mit »gegürtet« frei übersetzen.

100 Jahre = ein Jahrhundert.

10 Jahrhunderte = ein Jahrtausend.

In seinem Buch *Les Prophéties* hat Nostradamus die 10 × 100 Centurien mit den römischen Ziffern I bis X versehen und die in jeder Centurie enthaltenen Vierzeiler mit 1 bis 100 durchnummeriert.

Ergo:
Die Nummer der Centurie steht für das Jahrhundert innerhalb des Jahrtausends.
Die Nummer des Vierzeilers steht für das Jahr innerhalb des Jahrtausends.

Beispiele: Centurie IX = 1900 plus Nummer des Vierzeilers 99 = 1999, oder Centurie X = 2000 plus Nummer des Vierzeilers 5 = 2005.

Wer die Zyklen astrologisch nachrechnen will, erstellt sich mit Hilfe eines Computerprogramms eine Liste der großen Konjunktionen in einem Jahrhundert und sucht in der entsprechenden Centurie in den Texten nach den Planetennamen.

3. Die Buchstabenkette

Die Buchstaben einer Textzeile werden zu einer Buchstabenkette umformatiert: Beispiel: »Albi et Castres« wird zu »albietcastres«. Man bildet neue Wörter aus dem Buchstabenstring. Beispiel: Albi et c astres = Albi und hundert Sterne. So gelangt man zum profanen Deutungstext.

Die Buchstaben einer Zeile werden in Schablonen geschrieben. In der Schablone der Raute wurden christlich-weltliche Ereignisse hinterlegt. Zusätzlich hat Nostradamus auch noch die Schablone X, den »strahlenden Becher«, verwendet. Hier wurden christlich-geistige Aussagen für die Nachwelt aufbereitet.

4. Die Arbeit mit Schablonen

Der Text lautet: Albi et Castres.

a) Die Buchstaben A_L_B_I werden nun in die Schablone der Raute geschrieben.

```
 A
L B
 I
```

Aus dieser Schablone können die Buchstabenkombinationen, d. h. Wörter, gelesen werden:

ALBI, LIBA, BALI, LABI usf.

b) Die Buchstaben »Albi et Castres« werden nun in die Schablone des strahlenden Bechers geschrieben. Zusammen ergeben sie dreizehn Buchstaben. Die Schablone hat aber nur elf Buchstaben. So beginnt man mit den verbleibenden zwei Buchstaben in einer neuen Schablone.

```
A L B
 E I
  T
 A C
S T R
```

```
E S *
```

Aus dieser Schablone ergeben sich zwei Lesarten für die geheime Botschaft des Autors. Zum einen haben wir die Doppelraute (oben und unten):

```
 L
E I
 T  ➔ ergibt ELI TACT oder ELIT ACT.
A C
 T
```

Zum anderen den »Nabel«, wie die inneren fünf Buchstaben auch genannt werden. Goethe nannte sie das »Wendenest«*, weil die Buchstaben in allen Richtungen gelesen werden können.

```
E I
 T  ➔ ergibt u. a. A CITE oder IET CA oder CATI E.
A C
```

---

* Siehe Manfred Dimde, *Goethes geheimes Vermächtnis*, Essen 1995.

Tabelle der großen Konjunktionen von Mars, Jupiter und Saturn für die Zeit von 2005 bis 2015

Mars – Jupiter	Mars – Saturn	Jupiter – Saturn*
11.12.2006	18.06.2006	25.05.2000
12.12.2006	19.06.2006	
17.02.2009	10.07.2008	
18.02.2009	11.07.2008	
01.05.2011	31.07.2010	
02.05.2011	01.08.2010	
22.07.2013	15.08.2012	
23.07.2013	16.08.2012	
17.10.2015	26.08.2014	
18.10.2015	27.08.2014	
19.10.2015		
Deutung: allgemeine kritische Verwicklungen, Gewaltanwendung.	**Deutung:** Gewaltakte, Unfälle, politische Konflikte.	**Deutung:** Plötzliche Trennung vom Glück. Zur Untat bereit sein. Stillstand in allem. Plötzlicher Sach- und Gebäudeschaden.
		* Die nächste Konjunktion findet am 21.12.2020 statt.